Für meinen eigenen Eulengroßvater.
Und für alle, die schon einmal eine Geschichte erzählen mussten, um sich zu Hause zu fühlen.

– Marchella Ward

Für Velle, für alles.

– Sander Berg

Titel der Originalausgabe: *A Journey through Greek Myths*
Erschienen bei Flying Eye Books, einem Imprint von Nobrow Ltd.,
27 Westgate Street, London E8 3RL.

Deutsche Erstausgabe
5. Auflage 2025

Holzstraße 26, 80469 München
sekretariat@knesebeck-verlag.de
Ein Unternehmen der Média-Participations

Projektleitung: Theresa Scholz, Knesebeck Verlag
Übersetzung: Gundula Müller-Wallraf, München
Lektorat & Satz: Thomas Rath für bookwise GmbH, München
Umschlagadaption: Leonore Höfer, Knesebeck Verlag

Druck: PNB Print Ltd.
Printed in Latvia

FSC www.fsc.org MIX Papier | Fördert gute Waldnutzung FSC® C084698

ISBN 978-3-95728-541-6

www.knesebeck-verlag.de

MARCHELLA WARD

SANDER BERG

EINE REISE DURCH DIE GRIECHISCHE MYTHOLOGIE

AUS DEM ENGLISCHEN VON GUNDULA MÜLLER-WALLRAF

KNESEBECK

INHALT

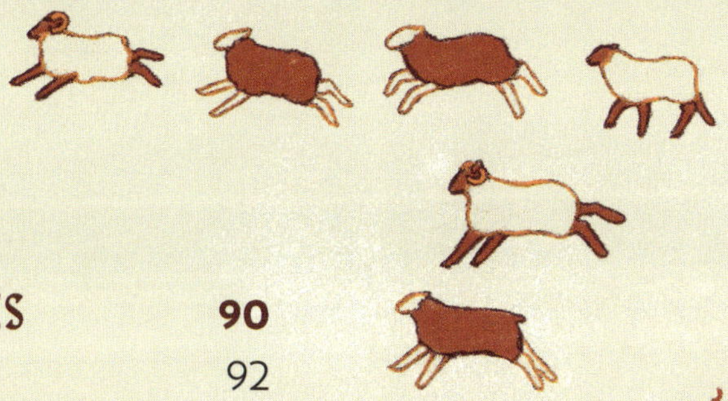

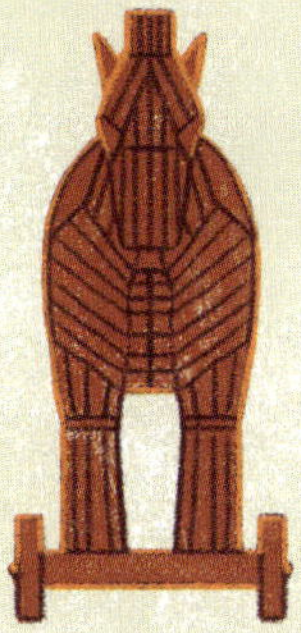

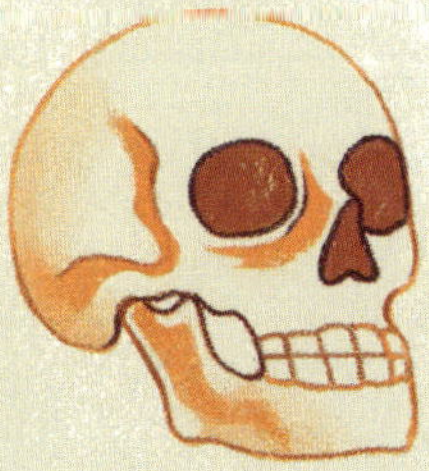

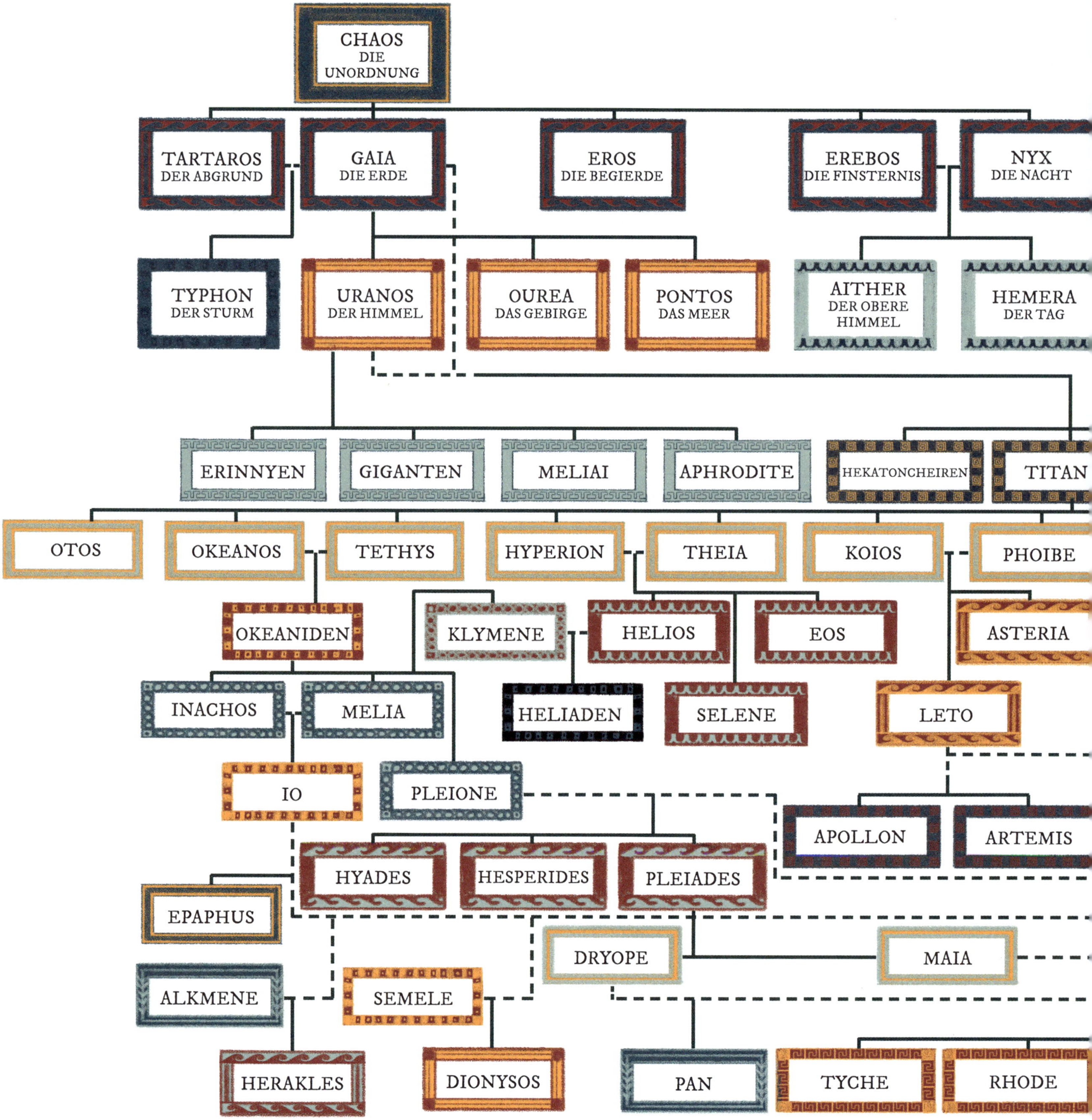
CHAOS
DIE UNORDNUNG
TARTAROS
DER ABGRUND
GAIA
DIE ERDE
EROS
DIE BEGIERDE
EREBOS
DIE FINSTERNIS
NYX
DIE NACHT
TYPHON
DER STURM
URANOS
DER HIMMEL
OUREA
DAS GEBIRGE
PONTOS
DAS MEER
AITHER
DER OBERE HIMMEL
HEMERA
DER TAG
ERINNYEN
GIGANTEN
MELIAI
APHRODITE
HEKATONCHEIREN
TITAN
OTOS
OKEANOS
TETHYS
HYPERION
THEIA
KOIOS
PHOIBE
OKEANIDEN
KLYMENE
HELIOS
EOS
ASTERIA
INACHOS
MELIA
HELIADEN
SELENE
LETO
IO
PLEIONE
APOLLON
ARTEMIS
HYADES
HESPERIDES
PLEIADES
EPAPHUS
DRYOPE
MAIA
ALKMENE
SEMELE
HERAKLES
DIONYSOS
PAN
TYCHE
RHODE

STAMMBAUM DER GÖTTER UND HELDEN

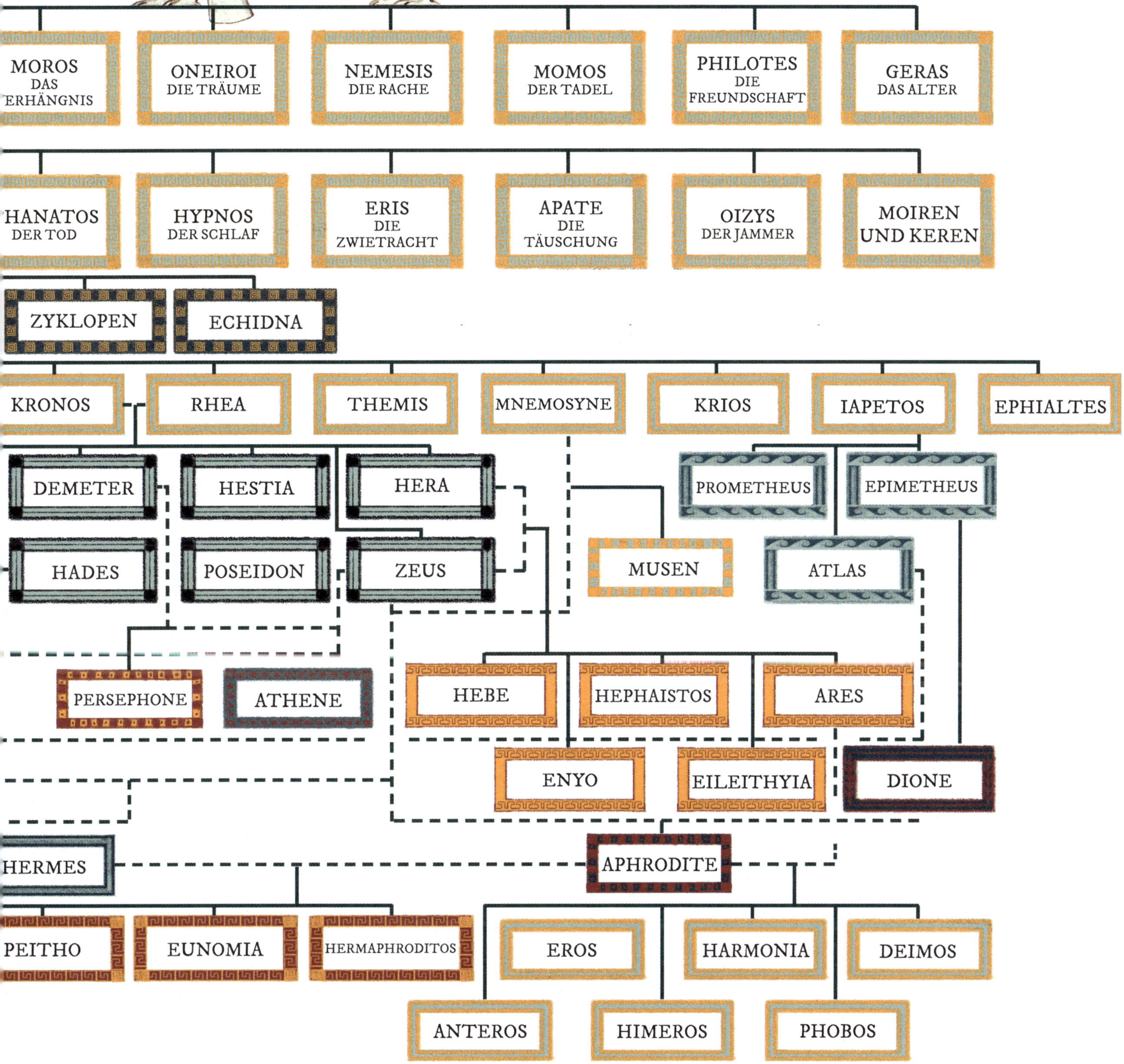

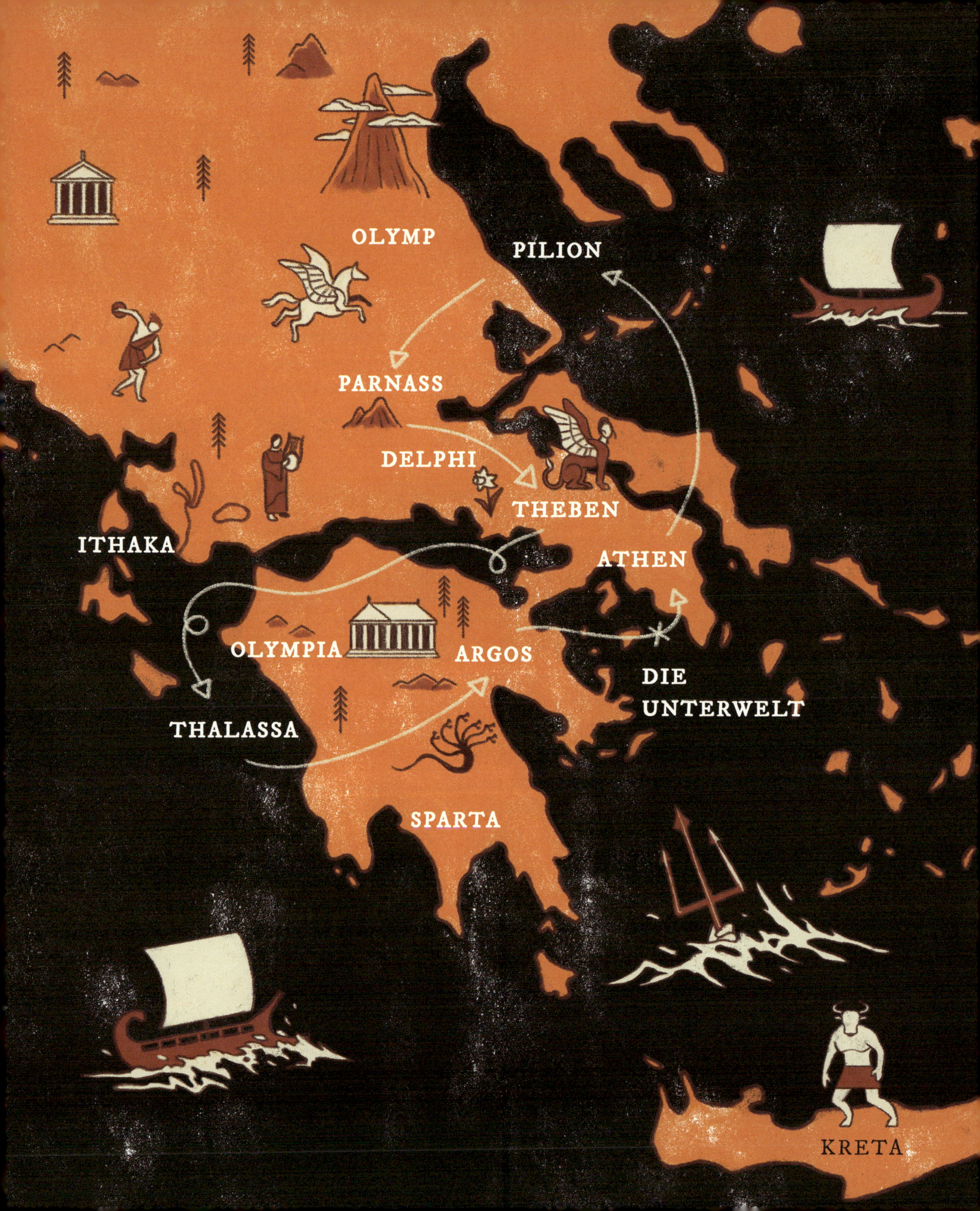

OLYMP
PILION
PARNASS
DELPHI
THEBEN
ITHAKA
ATHEN
OLYMPIA
ARGOS
DIE
UNTERWELT
THALASSA
SPARTA
KRETA

ATHEN

Käuzchen spreizte die Krallen, drückte die Flügel gegen den warmen Wind und landete auf dem Dachfirst des Parthenon. Der Tempel thronte hoch über Athen. Käuzchen drehte den Kopf einmal komplett rundherum und sah sich um. Sie sah die Schiffe, die an den Anlegestellen im Hafen von Piräus festgemacht hatten, und in der Ferne die Inseln, die sich mit den Wogen des Meeres auf und ab zu bewegen schienen. Langsam ging hinter den Bergen des Peloponnes die Sonne unter. Käuzchen konnte die Schatten der Männer, die im Tempel des Hephaistos die Feuer für die Nacht anschürten, und die marmornen Gesichter der Karyatiden erkennen. Einst waren diese Statuen lebendige Frauen gewesen, bis sie in Stein verwandelt und dazu verdammt wurden, bis in alle Ewigkeit das Gewicht eines Tempeldachs auf den Köpfen zu tragen. Weiter unten auf dem Areopag, dem mächtigen Felsen, der dem Gott Ares, dem Bruder der Göttin Athene, geweiht war, scharrte eine junge Elster im Staub.

Das Geräusch von Flügelschlagen über ihrem Kopf riss Käuzchen aus ihren Gedanken. Sie wandte dem vertrauten Geräusch die gelben Augen zu. Etwas schwerfällig ließ sich Steinkauz, ihr Großvater, neben ihr nieder. »Du brauchst nicht einmal daran zu denken, dir diese Elster zu schnappen«, neckte er Käuzchen. »Du würdest es niemals schaffen, sie hier heraufzuschleppen.« Käuzchen plusterte sich beleidigt auf, aber in Wirklichkeit freute sie sich sehr, dass ihr Großvater gekommen war. »Eigentlich habe ich über Athen nachgedacht«, sagte sie. »Ich habe überlegt, wie groß diese Stadt doch ist und wie viele ganz unterschiedliche Menschen dort leben. Und ich dachte, was für ein Glück wir haben, dass Athene uns erlaubt, hier oben zu sitzen

und die Aussicht zu genießen.« Steinkauz neigte den Kopf, überrascht darüber, dass seine Enkelin sich Gedanken über ihr Zuhause machte.

Käuzchen sah ihren Großvater an und runzelte die gefiederte Stirn. »Was ist eigentlich ein Mythos?«, fragte sie. Steinkauz überlegte. »Ein Mythos ist eine Erzählung«, sagte er schließlich. »So etwas wie eine Geschichte?«, wollte Käuzchen wissen. »Eine Geschichte, die uns erklärt, wer wir sind«, sagte er. »Eine wahre Geschichte. Oder zumindest eine, in der viel Wahres steckt.« Käuzchen machte ein verdutztes Gesicht. »So etwas wie eine Sage?« Wieder überlegte ihr Großvater einen Augenblick. »Wenn die Menschen in der Zukunft eine Münze aus einem Brunnen Athens fischen und sie sich ansehen«, sagte er, »wird sie von vielen eine Eulen mit strahlenden Augen anblicken. Es wird Geschichten über diese Eulen und ihre Erlebnisse geben. Diese Geschichten sind Sagen, denn sie beruhen auf tatsächlichen Ereignissen, auf der Geschichte.« Steinkauz wartete, bis Käuzchen das verdaut hatte. »Mythen handeln nicht von geschichtlichen Ereignissen«, fuhr er fort. »Mythen beschäftigen sich mit dem Wahren oder dem, was wahr sein könnte.« Jetzt war Käuzchen völlig verwirrt. Aber das wollte sie natürlich nicht zugeben. »Also ist Athene ein Mythos?«, fragte sie. Steinkauz zögerte. Die Eulen hatten schon immer eine ganz besondere Beziehung zu Athene, der Göttin des Krieges und der Weisheit und der Begründerin der Stadt Athen, gehabt. »Eigentlich nicht!«, sagte er und kicherte in sich hinein. »Athene ist natürlich ganz und gar wirklich. Also«, er atmete tief ein, »jedenfalls für uns.«

»Es gab eine Zeit, in der wir Eulen nicht in Athen gelebt haben«, erklärte Steinkauz. Käuzchen machte große Augen. Sie hatte geglaubt, Athen, ihr Zuhause, sei schon immer die Heimat aller Eulen gewesen. Sie bettelte ihren Großvater an, ihr die Geschichte zu erzählen. Der beschloss, ganz vorn anzufangen. Allerdings bedeutete »ganz vorn« für ihn etwas anderes als für die Menschen. In deren Geschichten gab es Zeus und Athene und alle anderen Götter, die auf dem Berg Olymp lebten, von Anfang an. Aber die Eulen wussten es besser. Die Geschichten der Eulen erzählten von einer Welt, in der Athen und seine Bewohner, die Götter und sogar die Eulen noch gar nicht existierten. Aus diesen Geschichten schöpften die Eulen ihre Weisheit, deshalb wollte Steinkauz mit ihnen anfangen. Er blickte hinauf in den dämmrigen Himmel. Bald würde es dunkel sein. Dann begann für ihn eine arbeitsreiche Nacht, denn er musste auf Mäusejagd gehen, um seine Familie zu ernähren.

Trotzdem fing er an zu erzählen ...

DIE ENTSTEHUNG DER WELT

»Vor langer, langer Zeit, bevor die Erde, die Meere und das Land entstanden, war die Welt nur ein einziger, gewaltiger Nebel aus winzigen durcheinanderwirbelnden Teilchen. Dieses Durcheinander hatte keinen Namen. Es gab keine passenden Wörter, um es zu beschreiben. Es war gleichzeitig warm und kalt, hell und dunkel, göttlich und menschlich, nass und trocken. Erst viel später tauften die Griechen diese unendliche Unordnung ›Chaos‹.

Eines Tages, keiner weiß ganz genau, wie, kam Ordnung in das Chaos. Die Erde wurde aus dem Meer herausgepresst und aus dem Himmel herausgesiebt. Manche behaupten, es sei Kronos, der Gott der Zeit, gewesen, der die Elemente entwirrt und jedem einen Namen und einen Ort zugeteilt habe. Andere sagen allerdings, selbst Kronos habe es zu dieser Zeit noch gar nicht gegeben. Wie dem auch sei: Als alles seinen Platz hatte, beleuchteten plötzlich Sternbilder den Himmel, und die Meere rollten unermüdlich an die Küsten und wieder zurück in ihr Bett und schenkten

der Welt damit ihren stetigen Rhythmus. Die Erde, gerade erst frisch aus Himmel und Meer herausgeschält, strahlte noch in unberührtem Gold. Noch hatte kein Bauer gewagt, sie mit seinem Pflug aufzureißen. Göttinnen und Götter, Riesen und Titanen lebten friedlich miteinander auf der Erde, und der Boden schenkte ihnen bereitwillig alle Arten von Früchten und Gemüse, ohne dass jemand etwas hätte anpflanzen müssen. In dieser goldenen Zeit wurde niemand alt oder gebrechlich. Wer am Ende seines Lebens angekommen war, machte sich friedlich auf den Weg in die Unterwelt und sah dabei keinen Tag älter aus als dreiundzwanzig. Eine Stadt namens Athen gab es noch lange nicht.

Das Chaos hatte zwei Kinder: die Schatten Finsternis und Nacht. Die Tochter dieser beiden war das krasse Gegenteil ihrer Eltern und hieß Tag. Ein weiteres Kind des Chaos war die Erde, Gaia genannt. Sie verliebte sich in Uranos, den Himmel, und gemeinsam bekam das Paar sehr viele Kinder. Die ersten sechs Söhne und Töchter waren die Titanen. Die sahen im Grunde aus wie Menschen, waren aber so groß, dass es unmöglich war, alle auf einen Blick zu sehen. Dann gebar Gaia drei Söhne, die genauso riesig waren wie die Titanen, aber außerdem jeweils hundert Arme hatten. Die jüngsten Kinder des Paares sahen von hinten genauso aus wie ihre Brüder und Schwestern, im Gesicht hatte jedes aber nur ein einzelnes Auge, und zwar mitten auf der Stirn. Sie wurden Zyklopen genannt. Diese Familie waren die Vorfahren nicht nur aller Götter, die die Griechen kannten, sondern auch aller Menschen. Damals wusste allerdings noch niemand, was ein Mensch überhaupt war.«

Käuzchen konnte sich eine Welt ohne Athen, ja sogar ohne Athene und die anderen Götter, ohne Menschen, Bauernhöfe und Kriege überhaupt nicht vorstellen. »Aber wo wohnten denn die Eulen, wenn es Athen noch gar nicht gab?«, fragte sie. Steinkauz hob den Blick und folgte mit dem Schnabel der Küstenlinie so weit nach Norden, wie das Auge reichte. In der Dunkelheit wies er in Richtung des Pilion, wo alle Eulen einst friedlich als eine einzige große Familie gelebt hatten. Er erzählte Käuzchen, die dichten Kiefernwälder auf dem Gipfel des uralten Berges seien sein erstes Zuhause gewesen. »Würdest du die frühere Heimat der Eulen gern einmal sehen?«, fragte er. Ohne Käuzchens Antwort abzuwarten, neigte er sich tief dem alten Gemäuer entgegen, breitete hinter dem Rücken die Flügel aus und schwang sich dann mit einem kraftvollen, zischenden Flügelschlag in die Luft. Käuzchen holte tief Luft und machte es ihm nach.

Die beiden Eulen segelten über den Nachthimmel auf der Suche nach der ehemaligen Heimat ihrer Familie. Unterwegs erzählte Steinkauz dem kleinen Käuzchen davon, warum es die Göttin Athene und damit auch die Stadt Athen beinahe gar nicht gegeben hätte.

DIE GEBURT DES ZEUS

»Kronos, der Anführer der Titanen, lebte in der Angst, seine eigenen Kinder würden heranwachsen und ihm eines Tages die Herrschaft über die Welt rauben. Kronos war einer der Söhne von Gaia und Uranos. Deshalb waren ihm menschliche Güte oder Familienbande noch völlig fremd. Um zu verhindern, dass seine Kinder ihn entmachteten, verschlang Kronos einfach eines nach dem anderen, sobald sie geboren wurden. Immer wenn Rhea, seine Frau, spürte, dass sie schwanger war, flehte sie Kronos an, nicht nur an seine Macht zu denken und das unschuldige Kind zu verschonen. Aber sobald sie das Kind geboren hatte, riss er es ihr wieder aus den Armen.

Auf diese Weise hatte Rhea schon fünf Kinder verloren. Als sie spürte, dass ein sechstes unterwegs war, schmiedete sie einen Plan. Sie floh auf die Insel Kreta, in der Hoffnung, das Meer würde sie vor ihrem Mann schützen. Sie versteckte sich in einer Höhle in den Bergen und gebar einen Sohn, dem sie den Namen Zeus gab. Leider konnte auch das Meer Kronos nicht fernhalten. Nur wenige Tage nach Zeus' Geburt bemerkte Rhea, dass die Bienen der Bergnymphen, die in der Nähe lebten, aufgeregter summten als sonst. Kronos war mit seiner Flotte an der Küste Kretas gelandet! Die Felswände erbebten bei jedem Schritt, den Kronos sich mit seinen Riesenfüßen der Höhle näherte. Rhea musste schnell handeln. Mit ihrer übermenschlichen Kraft brach sie ein Stück Fels aus der Höhlenwand, wickelte es wie ein Baby in eine weiche Decke, die sie gewebt hatte, und drückte das Bündel fest an sich. Ihr Baby Zeus gab sie in die Obhut der Nymphen. Sie küsste es zum Abschied und verließ die Höhle.

Als Kronos das Bündel in den Armen seiner Frau erblickte und es für ihren neugeborenen Sohn hielt, konnte er natürlich sofort an nichts anderes mehr denken als an die alte Weissagung, eines Tages werde sein eigenes Kind ihn töten und vom Thron stürzen. »Das ist Zeus«, sagte Rhea und streckte ihrem Mann das Bündel so hin, dass er nicht hineinsehen konnte. Sofort riss Kronos ihr das steinerne Baby aus den Armen, öffnete den Mund, so weit er konnte, und verschluckte das ganze Paket mitsamt der Decke in einem Happen. Dann nahm er seine Gemahlin unter den Arm, schleppte sie mit nur drei Riesenschritten zurück zum Schiff und befahl den Winden, sie so schnell wie möglich nach Hause zu bringen.

Der kleine Zeus wurde von den Bienennymphen aufgezogen, bis er alt genug war, um zu erfahren, was sein Vater seinen Geschwistern angetan hatte. Von diesem Tag an wanderte er ständig ruhelos auf der Insel umher und dachte darüber nach, wie er die Untaten seines Vaters wiedergutmachen könne. Eines Tages hörte er am Strand in der Brandung ein Geräusch, das fast wie eine Stimme klang. Zeus näherte sich dem Klang, bis er bis zu den Knöcheln im Wasser stand.

Aus der weißen Gischt erhob sich eine junge Frau. Er hatte schon von der Meeresnymphe Metis, einer Meisterin im Mischen von Zaubertränken, gehört, war ihr aber noch nie begegnet.

Zu seiner Überraschung streckte sie ihm in ihrer wässrigen Hand ein grünes Fläschchen entgegen, in dem Flüssigkeit sprudelte und zischte.

Metis' Zaubertrank wirkte besser, als Zeus je zu hoffen gewagt hätte: Es gelang ihm später, dass Kronos das Fläschchen leerte, woraufhin es in seinem Bauch zu rumoren begann. Er erbrach in einem gewaltigen Schwall, in dem Zeus seine Brüder und Schwestern um ihr Leben schwimmen sah. Alle waren quicklebendig: Hestia, Demeter, Hera, Hades und Poseidon. Zuletzt kam sogar der Felsbrocken, den Kronos anstelle seines jüngsten Sohnes verschlungen hatte, wieder ans Tageslicht.

Kronos gefiel das natürlich gar nicht. Er trommelte seine Titanengeschwister aus allen Himmelrichtungen zusammen und erklärte seinen Kindern den Krieg. Zehn scheinbar unendliche Jahre wütete der Kampf. Aber während Zeus und seine fünf göttlichen Geschwister mit den Jahren weiser und stärker wurden, wurden Kronos und die anderen Titanen mit der Zeit immer schwächer und klappriger. Schließlich kam Zeus eine Idee. Die Zyklopen waren die besten Krieger, die man sich vorstellen konnte: mächtige Riesen, die haufenweise große Tiere verschlangen. Aber sie wurden im Tartaros, einem Teil der Unterwelt, der so tief unter der Erde lag wie der Himmel darüber, gefangen gehalten. Also machte sich Zeus auf, um sie zu befreien, denn ein Gott braucht keinen Schlüssel, um die Tore des Tartaros zu öffnen. Kaum eingetreten, traf Zeus auf ein Wesen, das an Schrecklichkeit alles übertraf, was er sich hätte ausdenken können. Es war halb Frau, halb Drache, und um seine Taille trug es einen Gürtel aus den Köpfen von fünfzig Wölfen, Bären, Schlangen, Löwen und Tigern. Kampe – so hieß das Ungeheuer – zog einen langen Skorpionschwanz mit Stachel hinter sich her und hatte ein Paar Furcht einflößende schwarze Flügel auf dem Rücken. Kampe kam direkt auf ihn zu, und bei jeder Bewegung zischten die Schlangen, die sich um ihre Fußknöchel wanden, und die Tierköpfe an ihrer Taille heulten, brüllten, zischten und schnappten um sich. Aber Kampe war dem künftigen König der Götter nicht gewachsen. Zeus streckte sie mit einer selbst ihm bis dahin unbekannten Zauberkraft nieder: einem gewaltigen Blitzschlag. Er befreite die Zyklopen aus ihrem Gefängnis und führte sie auf den Gipfel des Berges Olymp. Mit den Zyklopen an ihrer Seite konnten Zeus und seine Geschwister gar nicht mehr verlieren.

ATHENE KOMMT ZUR WELT

Zeus war überglücklich, wieder mit seinen Geschwistern vereint zu sein. Er wusste, dass er das dem Zaubertrank der Metis zu verdanken hatte. Es dauerte nicht lang, bis er sich in die kluge junge Frau aus dem Meer verliebte, und als sie ihn bat, sie zu heiraten, willigte er ohne zu zögern ein. Doch schon bald machten Zeus die gleichen Prophezeiungen zu schaffen, die schon seinen Vater beunruhigt hatten, denn auch ihm wurde geweissagt, seine Kinder würden ihn eines Tages vom Thron stürzen. Und als Metis ihrem Mann verkündete, dass sie ein Kind erwarte, folgte Zeus prompt dem Vorbild seines eigenen Vaters: Er packte seine Frau mitsamt dem ungeborenen Kind, öffnete den Mund, so weit er konnte, und verschlang Metis in einem Stück. Aber Metis war klüger als jeder Götterkönig. Sie verhielt sich ganz ruhig und versteckte sich in Zeus' Eingeweiden, bis die Zeit gekommen war, das Kind zur Welt zu bringen. Während sie wartete, schmiedete sie eine kunstvolle Rüstung für ihre zukünftige Tochter, komplett mit einem winzigen Schild, einem Helm und einem Speer. Zeus spürte zwar ein Brennen in seinem Inneren, wenn Metis das Schmiedefeuer anfachte, dachte dann aber, er habe etwas Falsches gegessen.

Eines Tages bekam Zeus plötzlich so schreckliche Kopfschmerzen, dass er Schreie ausstieß, die auf dem ganzen Olymp zu hören waren. Schnell eilten die anderen Göttinnen und Götter herbei, um zu sehen, was ihrem König fehlte. Hephaistos, der Gott der Schmiedekunst, war als Erster zur Stelle. Er war so schnell losgelaufen, dass er die riesige Axt, an der er gerade gearbeitet hatte, immer noch in der Hand hielt. Hephaistos sah sich den König der Götter ganz genau an. Unter dessen Schädeldecke schien sich irgendetwas zu bewegen. Zunächst hinter Zeus' rechtem Ohr, dann über seiner linken Augenbraue wurde der Schädel immer wieder wie von winzigen Fäusten ausgebeult. Hephaistos zögerte nicht lang. Er hob seine Axt und hieb sie Zeus mit aller Kraft in den Schädel. So entstand ein Spalt, der gerade groß genug war, um das herauszulassen, was im

Inneren gefangen war. Wieder stieß Zeus einen mächtigen Schrei aus, denn es fühlte sich an, als trete die Spitze eines Speeres aus seinem Schädel hervor. Und so war es! Der Speerspitze folgte zunächst eine winzige Hand, dann ein winziger Helm und winzige Schultern, bedeckt von einer bronzenen Rüstung. Ganz so, als sei sie bereit, in den Krieg zu ziehen, sprang Athene geradewegs aus dem Kopf ihres Vaters zu Boden und rannte mit einem in der Sonne aufblitzenden Bronzeschild davon.«

DER PILION

»Und hat Athene die Kriege beendet, als sie geboren war?«, fragte Käuzchen und sah den Großvater erwartungsvoll an. Steinkauz seufzte. »Leider nicht«, antwortete er schließlich. »Weißt du, auch die Menschen hatten immer wieder mit dem gleichen Problem zu kämpfen wie Zeus und sein Vater: Jeder wollte der Mächtigste sein. Und je mächtiger einer wurde, desto weniger konnte er seinen Mitmenschen vertrauen. Eigentlich war die Geburt der Athene eher der Anfang als das Ende einer langen Reihe von Kriegen um die Macht, die Götter und Menschen führten und bis ans Ende der Zeit führen werden.«

Immer weiter flogen die beiden Eulen. Inzwischen war es so dunkel geworden, dass sie ihr Spiegelbild auf der Meeresoberfläche nicht mehr erkennen konnten. Sie erreichten eine steil ansteigende Küste und machten unter sich einen dicht mit Bäumen bewachsenen Bergrücken aus. Bei genauerem Hinsehen stellte Käuzchen allerdings fest, dass es keine Bäume waren, die dort standen, sondern nur noch ein Wald von schroff aus dem Boden ragenden Baumstümpfen. »Der Pilion hat nicht immer so ausgesehen«, sagte Steinkauz, als sie dicht über der verwüstete Landschaft dahinsegelten. »Einst war dieser Ort mit so vielen Kiefern bewachsen, dass er für sein üppiges, schon von Weitem sichtbares Grün berühmt war. Es half den Eulen dabei, von überallher den Heimweg zu finden. Wenn sie die grünen Gipfel des Pilion erblickten, wussten sie, dass sie schon bald zu Hause sein würden.«

STEINKAUZ
SAH SICH
NACHDENKLICH
UM UND ERZÄHLTE
DANN WEITER.

DIE BESTRAFUNG DES PROMETHEUS

»Erneut brach ein Krieg aus, bei dem Zeus und seine Geschwister auf der einen und die Titanen auf der anderen Seite standen. Die Götter lebten auf dem Olymp, einem Berg, der so hoch war, dass selbst die Titanen, wiesehr sie sich auch recken und auf die Zehenspitzen stellen mochten, den Gipfel nicht sehen konnten. Zwei junge Titanen, Otos und Ephialtes, wollten Zeus und seine Geschwister Auge in Auge herausfordern. Kurzerhand rissen sie den Pilion aus dem Boden und setzten ihn oben auf den Berg Ossa. Sie wollten die übereinandergetürmten Berge wie eine Treppe benutzen, um den Gipfel des Olymp zu erreichen. Aber Apollon sah sie kommen und beförderte sie mit einem göttlichen Tritt geradewegs in die Unterwelt.

Nach viel Blutvergießen siegten schließlich die Götter, und Zeus verbannte alle Titanen zur Strafe für ihre Streitlust in die Unterwelt. Nur Prometheus und sein Bruder Epimetheus wurden verschont, weil sie sich aus dem Krieg herausgehalten hatten. Zeus gab jedem der beiden jungen Titanen eine besondere Aufgabe in seiner neuen Weltordnung. Epimetheus sollte künftig allen Wesen auf der Erde die Gaben der Götter überbringen. Prometheus bekam einen noch schwierigeren Auftrag: Er sollte Menschen erschaffen.

Prometheus machte sich sofort an die Arbeit und formte mit den Händen mehrere Tage lang sehr sorgfältig und behutsam einen Menschen aus Lehm. Als er mit dem Ergebnis zufrieden war, bat er die Göttin Athene, der Figur Leben einzuhauchen. Auch Epimetheus gefiel seine Aufgabe, den Lebewesen auf der Erde göttliche Gaben zuzuteilen. Den Hunden schenkte er Treue, den Füchsen Neugier, den Spinnen die Fähigkeit, Netze zu spinnen, und den Fischen schillernde Schuppen, die ihnen ermöglichten, blitzschnell durchs Wasser zu gleiten. Epimetheus verrichtete seine Arbeit mit so viel Spaß und Eifer, dass sein Sack mit göttlichen Gaben bereits leer war, als Prometheus endlich seine Menschen fertiggestellt hatte.

Prometheus war sehr enttäuscht, dass sein kleiner Bruder den Menschen, die gerade ihre ersten Atemzüge taten, nichts mehr geben konnte. Er versprach seinen Geschöpfen, diese Ungerechtigkeit durch zwei besondere Fähigkeiten wiedergutzumachen: Zum einen sollten die Menschen die einzigen Wesen sein, die, genau wie die Götter, aufrecht auf zwei Beinen stehen und laufen könnten, zum anderen sollten sie als Einzige neben den Göttern dazu in der Lage sein, mit Feuer umzugehen. Aber schon als er diese Versprechen machte, ahnte er, dass sie ihm viel Ärger einbringen würden. Das Feuer, hatte Zeus ihm stets eingeschärft, war einzig und allein den Göttern vorbehalten. Aber Prometheus beschloss, nicht weiter darüber nachzudenken. Er reckte sich hoch in den Himmel hinauf, entzündete an der Glut der Sonne eine Fackel und brachte das Feuer herunter auf die Erde. Als Zeus von Weitem beobachtete, wie die Flamme vom Himmel auf die Erde wanderte, war er außer sich vor Wut und dachte sich sofort die übelste Strafe für Prometheus aus, die ihm in den Sinn kam.

Zeus verbannte Prometheus ins Kaukasusgebirge, den entlegensten Winkel der Welt, den sich ein griechischer Gott nur vorstellen konnte. Dort ließ er ihn an einen gewaltigen Felsblock ketten. Jeden Tag schickte Zeus einen Adler aus, der Prometheus große Stücke der Leber aus dem Leib picken und sie verschlingen sollte. Nacht für Nacht ließ Zeus die Leber des Prometheus dann wieder nachwachsen und heilen, damit der ungehorsame Titan nicht starb. Jahre vergingen und wurden zu Jahrhunderten, in denen Prometheus jeden Tag wehrlos erdulden musste, dass sich der hungrige Adler auf ihn stürzte. Täglich flehte Prometheus Zeus darum an, in die Unterwelt entlassen zu werden, aber Zeus dachte gar nicht daran. Er sagte, Prometheus werde seine Strafe erst dann erlassen, wenn ein anderer bereit sei, sie an Prometheus' Stelle auf sich zu nehmen. Dass das jemals geschehen würde, war schwer vorstellbar.

PANDORA

Aber mit der schrecklichen Bestrafung des Prometheus war Zeus' göttlicher Zorn noch lang nicht besänftigt. Zeus bat den Gott Hephaistos, das schönste sterbliche Wesen zu schaffen, das man sich nur vorstellen konnte. Diesem Wesen verliehen die Götter alle Gaben, die Epimetheus auch an die verschiedenen Tiere verteilt hatte: Klugheit, Geschicklichkeit, Treue, Neugier und was man sich sonst noch alles wünschen konnte. Sie gaben dem Mädchen den Namen Pandora und eine fast unerfüllbare Aufgabe: Sie vertrauten ihr eine Büchse an, verboten ihr aber gleichzeitig, diese jemals zu öffnen und auch nur einen Blick hineinzuwerfen. Dann schickten sie Pandora zu Epimetheus auf die Erde.

Obwohl Prometheus seinen jüngeren Bruder vor Zeus' Rachedurst gewarnt hatte, schöpfte Epimetheus keinen Verdacht, als eines Tages Pandora vor seiner Haustür stand. Er nahm das wunderschöne Mädchen mit der Büchse bei sich auf, und die beiden unterhielten sich die ganze Nacht darüber, was es wohl mit dem geheimnisvollen Gefäß auf sich hatte. Beide waren fest entschlossen, sich an das Verbot der Götter zu halten. Den Göttern war aber natürlich von Anfang an klar gewesen, dass ihnen das nicht auf Dauer gelingen würde.

Eines Tages hielt Pandora es nicht mehr aus. Überwältigt von ihrer Neugier, hob sie langsam den Deckel des Gefäßes. Die ganze Büchse begann, fürchterlich zu zittern und zu beben. Pandora wich zurück, stolperte und fiel zu Boden, wo die Büchse wie wild herumsprang und -rollte. Bei jeder Bewegung entwich eine von vielen Plagen, die Zeus darin eingeschlossen hatte. Pandora und Epimetheus mussten entsetzt dabei zusehen, wie Neid, Hass, Sklaverei, Engstirnigkeit, Heuchelei, Hinterlist, Ungerechtigkeit, Misstrauen und tausend andere Übel auf winzigen Flügeln aus der Büchse geflogen kamen. Pandora versuchte noch, wenigstens ein paar in den Falten ihres Gewands einzufangen, aber die Plagen waren viel zu flink und verteilten sich rasch in alle Winde.

Als die Büchse schließlich zur Ruhe kam und Pandora hineinsah, entdeckte sie, dass auf dem Grund des Gefäßes ein einziges zappelndes Flügelpaar zurückgeblieben war. Anders als die anderen waren diese Flügel golden und hatten die Form von Schwanenflügeln. Pandora hielt die Büchse schräg, um lesen zu können, was zwischen den Flügeln geschrieben stand: έ…λ…π…ί…ς – Hoffnung! Pandora drehte die Büchse um und schüttelte sie, um zu sehen, ob auch die Hoffnung davonfliegen würde wie alle anderen. Aber die Hoffnung rührte sich nicht. Da machte Pandora die Büchse wieder zu, um den Menschen wenigstens die Hoffnung sicher zu bewahren.

CHEIRON, DER ZENTAUR

In einer kühlen Höhle hoch oben auf dem Pilion lebte der Zentaur Cheiron. Zentauren sind Wesen mit einem menschlichen Oberkörper und dem Unterleib eines Pferdes. Cheiron war der Sohn eines Titanen, also unsterblich. Er war berühmt für seine Weisheit. Außerdem hatte der Gott Apollon ihm alles beigebracht, was es über die Dichtkunst zu wissen gab. Aus ganz Griechenland strömten die jungen Leute zu Cheirons Höhle, um ihm zuzuhören und von ihm zu lernen.

Zu Cheirons Schülern gehörte auch ein junger Mann namens Herakles. Schon als ganz kleiner Junge hatte Herakles im Schneidersitz vor den Hufen des Zentauren gesessen und seinen Worten gelauscht. Deshalb wusste Cheiron auch schon früh von Herakles' übermenschlicher Kraft, die den jungen Mann erst viele Jahre später auf der ganzen Welt berühmt machen sollte. Eines Tages, als Herakles längst erwachsen war, kehrte er zum Pilion zurück und besuchte dabei auch den Zentauren Pholus, einen alten Freund. Dieser bot Herakles zur Feier des Tages einen Becher Wein an, hatte aber versehentlich nach einem besonders edlen Tropfen gegriffen, der von Dionysos, dem Gott des Weines, höchstpersönlich stammte. Als der betörende Duft dieses göttlichen Weines durch die Höhlengänge waberte, kamen sofort die anderen Zentauren angestürmt, wütend, dass Pholos nicht um Erlaubnis gefragt hatte, ihn allein zu trinken.

Um seinen Freund zu beschützen, griff Herakles nach seinen vergifteten Pfeilen und schoss, ohne zu zielen, um sich in die Menge. Als er den Schrei: ›Halt, Herakles! Nicht schießen! Ich bin es doch!‹, hörte, war es bereits zu spät. Er hatte die Bogensehne schon losgelassen. Er sah, wie vor ihm ein Zentaur in die Knie ging, und erkannte erst dann das Gesicht seines alten

Lehrers Cheiron. Einer von Herakles' Pfeilen hatte sich tief in eines von Cheirons vier Beinen gebohrt.

Mit den Händen umklammerte Cheiron das verletzte Bein, aber das half nichts gegen den furchtbaren Schmerz, der von der Wunde ausging. Die anderen Zentauren waren starr vor Schreck. Im Getümmel war der Wein des Dionysos heruntergefallen und im Boden versickert, aber niemand achtete mehr darauf. Herakles brach in Tränen aus. Cheiron war zwar unsterblich und hatte deshalb noch nie zuvor über seinen eigenen Tod nachgedacht, aber in diesem Augenblick hatte er das Gefühl, der Schmerz, der durch sein Bein und in seine Hüfte schoss, werde ihn töten.

In den darauffolgenden Tagen und Wochen blieb Herakles bei seinem weisen alten Lehrer, um ihn zu pflegen. Er schleppte, holte und trug, soviel er konnte, damit Cheiron nicht zu oft aufstehen musste und sein Bein schonen konnte. Obwohl er Cheiron seit seiner Kindheit kannte, stellte Herakles fest, dass er immer noch viel von dem Zentauren lernen konnte. Den beiden fiel immer etwas ein, worüber sie reden konnten.

Eines Abends erzählte Herakles Cheiron von Prometheus und wie die Götter ihn dafür bestraft hatten, dass er den Menschen das Feuer gebracht hatte. Cheiron wurde ganz still und nachdenklich. Er hatte sein ganzes Leben der Aufgabe gewidmet, junge Leute zum Denken zu erziehen. Deshalb fiel es ihm schwer zu begreifen, warum Zeus den jungen Titanen so grausam bestraft hatte. Von den Lehren, die Cheiron seinen Schülern mitgab, war ihm eine wichtiger als alle anderen: ›Für sich allein betrachtet hat Wissen nur wenig Wert. Erst es zu teilen, lässt uns an unserem Wissen wachsen.‹ Um das niemals zu vergessen, hatte er diese Worte vor vielen Jahren selbst an die Wände der Höhle geschrieben, die er als Klassenzimmer nutzte. Prometheus hatte sein Wissen über die

Fähigkeiten des Feuers mit anderen teilen wollen. Für Cheiron war das kein Verbrechen. Er fand, Prometheus sei zu Unrecht bestraft worden.

Bevor er sich in dieser Nacht zum Schlafen legte, wandte sich Cheiron mit diesen Gedanken an die Götter. Er betete, Zeus möge ihm erlauben, Prometheus' Platz einzunehmen und dafür auf seine Unsterblichkeit zu verzichten. Kaum hatte er diesen Wunsch ausgesprochen, spürte der Zentaur, wie seine Hufe schwer wurden, und hörte das Klirren von Ketten. Er fühlte die kalte, raue Oberfläche eines Felsens an seinem Rücken, und als er die Augen aufschlug und sich umsah, fand er sich auf dem Gipfel eines ihm unbekannten Berges wieder. Plötzlich stieß ein Adler mit scharfem Schnabel zu ihm herab und machte sich an der fleischigen Stelle unter seinen Rippen zu schaffen. Da wurde Cheiron klar, dass Zeus sein Gebet erhört hatte. Er hatte Prometheus die Freiheit geschenkt. An dessen Stelle würde nun Cheiron Tag für Tag bis in alle Ewigkeit Prometheus' Strafe erleiden.

Aber Zeus hatte Mitleid mit dem Zentauren und ließ ihn nicht für immer und ewig an Prometheus' Felsen hängen. Schließlich war Cheiron ja nicht ungehorsam gewesen. Nach drei qualvollen Tagen löste Zeus Cheirons Fesseln und holte ihn hinauf in den Himmel. Er verwandelte jeden Knochen des Zentauren in einen kleinen Stern. Dann rief er mit donnernder Götterstimme in die Welt, alle jungen Leute, die nach Antworten suchten, müssten nur in den Nachthimmel hinaufblicken. Denn solange es junge Menschen mit Fragen über die Welt gäbe, würde Cheiron in Form eines Sternbilds als leuchtendes Beispiel dort oben stehen. Zeus gab dem Sternbild den Namen ›Centaurus‹ und setzte damit nicht nur Cheiron, sondern auch allen seinen Verwandten, halb Mensch, halb Pferd, ein strahlendes Denkmal.

JASON UND DIE ARGONAUTEN

Der erste Mensch, der mit einer Axt einen Baum fällte, hieß Argos. Er schlug auf dem Pilion einen Baum nach dem anderen um, schnitt daraus schmale Bretter und fügte diese wie die Scherben einer zerbrochenen Vase aneinander, bis sie ein Schiff formten. Dieses Schiff nannte er nach sich selbst: Argo.

Argos war nicht von allein auf die Idee mit dem Schiff gekommen. Ein Mann namens Jason hatte ihn damit beauftragt. Denn es war Jason, nicht Argos, der ein Schiff benötigte, um ein Problem aus der Welt zu schaffen, das lang vor seiner Zeit entstanden war.

Jasons Onkel Pelias war der Sohn einer Prinzessin namens Tyro. Tyro hatte sich nicht, wie es die meisten tun, in einen anderen Menschen verliebt, sondern in einen Fluss, der Enipeus hieß. Leider erwiderte Enipeus Tyros Liebe nicht. Jeden Tag ging Tyro zum Ufer des Flusses und beugte sich zu ihm hinunter, um die dunkle Wasseroberfläche zu streicheln. Jeden Tag holte sie dann tief Luft und tauchte mit dem Kopf ins Wasser ein, um mit Enipeus zu sprechen. Aber der antwortete nie, sondern versuchte nur, so schnell wie möglich davonzufließen. Eines Tages jedoch war das anders. Als Tyro die Hand ausstreckte, um die Wasseroberfläche zu berühren, wich das Wasser nicht wie sonst vor ihr zurück. Im Gegenteil glaubte Tyro zu spüren, dass es die Richtung geändert hatte und auf sie zufloss, statt von ihr weg. Und als sie den Kopf ins Wasser tauchte und versuchte, mit Enipeus zu sprechen, antwortete eine Stimme: ›Komm!‹ Die Stimme klang tiefer und herrischer, als Tyro erwartet hatte, aber sie kümmerte sich nicht darum. Sie wunderte sich auch nicht über den seltsam salzigen Geschmack,

der auf ihren Lippen lag, als sie den Kopf wieder aus dem Wasser gezogen hatte. Ohne zu zögern, sprang sie in den Fluss. Aber kaum hatten ihre Hände die Wasseroberfläche durchbrochen, bemerkte sie, dass nicht weiches Süßwasser sie umfloss, sondern kraftvolle salzige Wellen, fast wie im Meer. Sie erschrak. Es war überhaupt nicht Enipeus' Wasser, das sie umgab, sondern das des Meeresgottes Poseidon. Er hatte sich für den geliebten Fluss ausgegeben, um Tyro zu täuschen. Als es Tyro endlich gelang, ans Ufer zu schwimmen, war sie schwanger mit Zwillingen: Pelias und Neleus.

Kaum waren die beiden Jungen groß genug geworden, begannen sie auch schon, unerbittlich um die Krone von Iolkos zu kämpfen. Pelias, der ein paar Sekunden älter war als sein Bruder, trug zwar den Sieg davon, wurde fortan aber von der Furcht getrieben, wieder gestürzt zu werden. Zur Sicherheit schickte er alle seine Brüder in die Verbannung. Auch seine Befürchtungen beruhten auf einer Weissagung. Ihm war nämlich prophezeit worden, eines Tages würde ein junger Mann mit nur einer einzelnen Sandale an den Füßen ihn vom Thron stürzen. An guten Tagen tat er den Gedanken als lächerlich ab. An schlechten hingegen lief Pelias mit gesenktem Blick durch die Straßen von Iolkos und zählte die Sandalen an den Füßen aller jungen Männer, die ihm entgegenkamen.

Jason war der Sohn eines der Halbbrüder des Pelias. Schon bevor er geboren wurde, war klar, wie sehr Pelias um seine Macht fürchtete. Der Anblick von Kindersandalen auf dem Markt reichte aus, um ihm Bauchschmerzen zu bereiten. Deshalb ersann Jasons Mutter einen Plan, wie sie ihren Sohn vor dem König schützen könnte. Nach Jasons Geburt bat sie alle Frauen im Palast, zu weinen und zu klagen, damit Pelias glauben sollte, das Baby sei tot geboren worden. Es wurde sogar eine Bestattung geplant, während der Jasons Mutter das Kind durch einen Hinterausgang aus dem Palast schmuggelte und es hinauf auf den Pilion brachte. Sie wusste, dass ihr Sohn

dort in Sicherheit sein würde. Sie gab Jason in die Obhut des Zentauren Cheiron, der versprach, ihn wie sein eigenes Kind großzuziehen.

Erst viele Jahre später verließ Jason den Pilion, den er sein ganzes Leben lang als Zuhause betrachtet hatte, um seine Geburtsstadt Iolkos zu besuchen. Als er unterwegs einen Fluss durchqueren wollte, begegnete er einer alten Frau, die bis zu den Knöcheln im Wasser stand und nicht mehr weiterkam. Hilfsbereit bot Jason ihr seinen Arm und geleitete sie sicher ans andere Ufer. Dort angekommen, begann die alte Frau, sich vor Jasons Augen zu verwandeln, und bevor der junge Mann begriff, was da vor sich ging, stand auf einmal die Göttin Hera, Beschützerin der Ehe und der Familie, vor ihm. Hera versprach, ihm fortan zum Dank für seine Hilfsbereitschaft beizustehen. Jason war so verdattert, dass ihm erst viel später, als er das grasbewachsene Ufer hinter sich gelassen hatte und der steinige Untergrund ihm in die Füße piekste, auffiel: Er musste eine seiner Sandalen im Fluss verloren haben. Aber da daran nichts mehr zu ändern war, musste er seinen Weg nach Iolkos mit nur einem Schuh fortsetzen, sosehr der steinige Boden ihn auch schmerzte.

Als Jason in Iolkos angekommen war und Pelias begegnete, fiel diesem natürlich sofort die Weissagung wieder ein. ›Was würdest du tun‹, fragte er Jason, ›wenn dir prophezeit worden wäre, ein junger Mann mit nur einer Sandale wäre dein Untergang, und dann stünde plötzlich ein junger Mann mit nur einer Sandale an den Füßen vor dir?‹ Jason gelang es, vor dem verängstigten König zu verbergen, wie lächerlich er die ganze Geschichte fand. Ohne zu zögern, antwortete er: ›Ich würde ihm einen undurchführbaren Auftrag geben‹, sagte er, ›etwas, das nicht zu schaffen ist.‹ Jason war überrascht über seinen Übermut, erkannte aber schnell, dass die Göttin Hera ihm die frechen Worte in den Mund gelegt hatte.

›Bring mir …‹ Pelias überlegte. ›Bring mir das Goldene Vlies‹, sagte er. Jason hatte keine Ahnung, was das sein sollte. Also erzählte Pelias ihm die ganze Geschichte. Das Goldene Vlies war das Fell eines fliegenden Widders mit goldenen Locken. Das Vlies war Aietes, dem König des weit entfernten Königreichs Kolchis zum Geschenk gemacht worden. Dort hing es in einem Wäldchen und wurde von einem riesigen Drachen, der niemals schlief, bewacht. Jason und sein Onkel Pelias waren sich einig, dass es unmöglich war, das Goldene Vlies zu stehlen und nach Iolkos zu bringen.

Aber Hera war anderer Ansicht. Sie riet Jason, die stärksten Männer, die er kannte, zusammenzurufen und aus Holz ein Schiff zu bauen. Zwar wussten die Menschen damals noch gar nicht, was ein Schiff war, doch mit Heras Hilfe gelang es Argos, aus den stärksten Kiefern, die auf dem Pilion zu finden waren, das schnellste Schiff zu bauen, das die Welt je gesehen hatte. Kaum war die Argo fertig, stachen die ›Argonauten‹, Jason und seine Heldenfreunde, in Richtung Kolchis in See.

Zuerst hielten sie auf Lemnos an, wo ausschließlich Frauen lebten. Obwohl einige der Argonauten sich unter den vielen Frauen recht wohlfühlten, ruderten sie schließlich doch weiter.

Auf der nächsten Insel, auf der sie Station machten, lebten die Dolionen. Deren König, Kyzikos, war ein freundlicher Mann. Um seine Gäste nicht zu beunruhigen, verschwieg er den Seefahrern, dass auch gefährliche Ungeheuer in seinem Königreich lebten. Er dachte wohl, solange die Argonauten sich von dem dunklen Wald am anderen Ende der Insel fernhielten, werde ihnen schon nichts passieren. Bevor Jason und seine Gefährten wieder in See stachen, zogen sie los, um Proviant zu sammeln. Nur Herakles, der stärkste der Argonauten, blieb als Wache auf dem Schiff zurück. Er glaubte, er sei eingenickt und träume, als er kurze Zeit später einen ganzen Tross von sechsarmigen Riesen aus dem Wald und direkt auf das Schiff zustürmen sah. Diese scheußlichen Wesen waren zwar sehr viel echter, als ihm lieb war, aber dem großen Herakles trotz ihrer vielen Gliedmaßen nicht gewachsen. Nachdem er einige von ihnen niedergestreckt hatte, flohen die restlichen zurück in den Wald.

Leider musste Herakles bald darauf feststellen, dass sechsarmige Riesen nicht das Schlimmste waren, was ihm der Tag bringen sollte. Als seine Kameraden aufs Schiff zurückkehrten, merkte er sofort, dass einer fehlte: Hylas. Auch wenn Herakles nie den Mut gehabt hatte, es seinem Freund zu gestehen, hatte er Hylas lieber als alle anderen Argonauten und ihm alle seine Geheimnisse anvertraut. Besorgt wollte er von Jason wissen, was Hylas zugestoßen sei. Aber ein Blick ins Gesicht seines Anführers reichte, um zu wissen, dass er Hylas niemals wiedersehen würde.

Auf dem Rückweg von ihrem Landgang war Hylas zurückgeblieben, um eine besonders schöne Kiefer zu bewundern. Sie erinnerte ihn an die Bäume seiner Heimat auf dem Pilion. Während er den Baum betrachtete, drang ein Geräusch an sein Ohr, das zunächst nur wie ein Flüstern klang, sich dann aber in glockenzarten Gesang verwandelte. Es schien aus einem See ganz in der Nähe zu kommen. Hylas kniete am Ufer nieder und lauschte gebannt. Er kannte zwar

die Geschichten über den betörenden Gesang der Nymphen, hatte ihn aber noch nie selbst gehört. Die Nymphen im Teich verliebten sich Hals über Kopf in den schönen Jüngling am Ufer. Sie griffen mit ihren klammen Händen nach ihm und zogen ihn zu sich unter Wasser. In ihrer Verliebtheit hatten sie nicht darüber nachgedacht, dass Hylas ein Mensch war und bei ihnen unter Wasser nicht überleben konnte. Hylas war in den dunklen Tiefen des Sees verschwunden und nicht wieder aufgetaucht. Herakles war am Boden zerstört. Den geliebten Freund verloren zu haben, machte ihn so traurig, dass er sich am Strand zusammenkauerte und einen Tag und eine Nacht nicht mehr aufhörte zu weinen. Seine Gefährten mussten ihn schließlich aufs Schiff tragen, um endlich abfahren zu können.

Eine weitere Station auf der Reise der Argonauten war der Hof des Königs Phineus in Salmydessos. Dieser König war so dünn, dass er von der Seite betrachtet kaum mehr zu sehen war. Außerdem war Phineus blind. Diejenigen, die ihn nicht leiden konnten, behaupteten, das sei die göttliche Strafe dafür, dass er jemandem seine Zukunft vorhergesagt hatte, der davon nichts hätte erfahren sollen. Aber in Wirklichkeit war die Strafe, die sich die Götter für Phineus hatten einfallen lassen, viel schlimmer: Sie hatten die Harpyien auf ihn gehetzt! Das waren gewaltige Vögel mit Frauenköpfen und scharfen Krallen, die einem Mann mühelos den Kopf von den Schultern reißen konnten. Diese Ungeheuer quälten Phineus, indem sie bei jeder Mahlzeit auftauchten und alles Essbare verschlangen, bevor der König auch nur einen einzigen Bissen zu sich genommen hatte. Jason und seine Freunde wollten den armen Mann nicht tatenlos weiter hungern lassen. Sie trieben die Harpyien zu den steilen Klippen an der Küste. Verzweifelt klammerten sich die Vogelfrauen dort an den Felsen und aneinander fest, um nicht in die Tiefe zu stürzen. Ihre Kräfte schienen langsam zu schwinden, als sich plötzlich ein Regenbogen über das Wasser zog. Die in allen Farben schillernde Göttin Iris, die freundliche Schwester der grausamen Harpyien, war gekommen, um ihre Schwestern zu retten.

Sie bat die Argonauten, ihre Schwestern zu verschonen, und versprach, dass die Harpyien Phineus und sein Volk künftig in Ruhe lassen würden. Die Argonauten willigten in den Handel ein, sodass Phineus sich bald darauf die erste Mahlzeit seit Jahrzehnten schmecken lassen konnte. Er vergaß niemals mehr, wie wunderbar es sich anfühlte, satt zu sein, und versprach, den Argonauten zur Seite zu stehen, wann immer sie ihn bräuchten.

Phineus erklärte Jason, um nach Kolchis zu kommen, wo das Goldene Vlies zu finden war, müssten sie die Sympleaden passieren. Diese zwei himmelhohen, im Meer treibenden Felsen, waren dafür berüchtigt, vorbeifahrende Schiffe zwischen sich zu zerquetschen. Aber der dankbare König hatte auch eine Idee, wie sie die Felsen überlisten und dem Schicksal Tausender Seefahrer vor ihnen entgehen könnten. ›Lasst eine weiße Taube vor eurem Schiff herfliegen‹, riet er ihnen. ›Sobald der Vogel sicher zwischen den Felsen hindurchgeflogen ist, rudert so schnell wie möglich hinterher und haltet erst an, wenn ihr in sicherer Entfernung seid.‹ Der Gedanke, so schnell wie möglich auf die beiden Felsen zuzurudern, bereitete den Argonauten zwar Kopfschmerzen, aber da Jason nichts Besseres einfiel, dankte er Phineus und schwor, dessen Rat zu befolgen. Als sie die Felsen erreicht hatten, ließ Jason die weiße Taube, die er zu diesem Zweck mitgebracht hatte, aus ihrem Käfig. Sofort rauschten die Felsen aufeinander zu, aber die Taube war flink und kam fast unversehrt auf der anderen Seite des Felsentors an. Nur ihre Schwanzfedern waren ein wenig geknickt wor-

den. Sobald die riesigen Felsen zusammengeschlagen waren, befahl Jason den Argonauten, mit aller Kraft zu rudern. Die Felsen hatten gerade begonnen, sich wieder voneinander wegzubewegen, als die Argo zur Durchfahrt ansetzte. Die riesigen Felsbrocken waren viel zu groß und schwer, um sofort wieder die Richtung zu ändern, und so konnte das Schiff sicher und unbeschädigt zwischen ihnen hindurchschlüpfen. Fast so, als wüssten sie nicht, was sie nun tun sollten, stockte erst ein Felsen, dann auch der andere in der Bewegung. Und einmal aus ihrem Gleichklang gerissen, blieben die Sympleaden wie angewurzelt stehen und bewegten sich nie wieder, um vorüberfahrende Schiffe zu zerstören.

JASON UND MEDEA

Nach langer Fahrt kam die Argo tatsächlich eines Tages in Kolchis an, wo König Aietes das Goldene Vlies aufbewahrte. Jason hatte schon ziemlich lang ohne Erfolg darüber nachgedacht, wie man mit einem Drachen, der niemals schlief, fertigwerden konnte. Gleichzeitig hatte die Göttermutter Hera einen geheimen Plan gefasst. Sie hatte Jason genau beobachtet und beschlossen, der junge Mann, der ihr Jahre zuvor über den Fluss geholfen hatte, habe eine Belohnung verdient. Also ging sie zu Aphrodite, der Göttin der Schönheit und der Liebe, um sie um Hilfe zu bitten. Ein Fingerschnipsen der schönen Göttin genügte, und schon hatte sich Medea, Aietes' Tochter, Hals über Kopf in Jason verliebt. Hera wusste: Mit Medeas Hilfe konnte es Jason gelingen, seine unlösbare Aufgabe zu erfüllen.

Es dauerte natürlich nicht lang, bis sich Jason auch in Medea verliebte. Die beiden waren unzertrennlich. Jason konnte Medea tage- und nächtelang zuhören, wenn sie von den Heil- und Zauberkräften der Pflanzen ihrer Heimat erzählte. Er liebte ihr großes Wissen und wie sie über die Tränke und Heilmittel, die sie braute, sprach. Sie schien einfach aus allem, was die Natur wachsen ließ, irgendetwas Nützliches zusammenmischen zu können. Mit der Zeit dämmerte ihm, dass ihr Wissen ihm sehr dabei helfen konnte, den Drachen zu überlisten und das Goldene Vlies zu stehlen.

Als er Medea von seinem Auftrag erzählte, wusste sie sofort, was zu tun war. Leise vor sich hin murmelnd, pflückte sie Blätter und Blüten von Pflanzen,

die Jason noch nie zuvor gesehen hatte. Diese verarbeitete sie zu einem Trank und füllte ihn in ein steinernes Töpfchen. Das drückte sie Jason in die Hand, küsste ihn und führte ihn zu dem Hain, in dem ihr Vater das Goldene Vlies versteckte. Ein Schauder lief Jason über den Rücken, als er die stets wachsamen Augen des Drachen auf sich gerichtet sah. Langsam drehte er den Deckel des kleinen Steintöpfchens. Eine dunkle Flüssigkeit ergoss sich aus dem Gefäß auf den Boden zwischen Jason und dem Drachen. Sie roch nach Mohnsamen und der getrockneten Rinde des Ebenholzbaums. Sofort schienen die Lider des Drachen schwerer zu werden. Die Augen fielen ihm zu, der Kopf geriet ins Taumeln und schlug schließlich dumpf mit solcher Wucht auf dem Boden auf, dass das Gras erzitterte und die Bäume erbebten. Das Ungeheuer war eingeschlafen. Auf Zehenspitzen schlich Jason an dem Ungetüm vorbei zu dem Baum, in dem das Goldene Vlies hing, und zog es herunter. Als er die goldenen Locken des Fells durch die Finger gleiten ließ, konnte er kaum fassen, dass sie es tatsächlich geschafft hatten.

Jason eilte, so schnell er konnte, an die Küste, wo Medea und die Argonauten bereits alles für die Flucht vorbereitet hatten. Das Goldene Vlies fest in der einen Hand, die Hand Medeas in der anderen, kehrte Jason auf die Argo zurück. Medeas jüngerer Bruder Absyrtos begleitete sie. Die Argonauten legten sich mit aller Kraft in die Riemen, sodass das Schiff rasch vorwärtskam. Als sie gerade dachten, in Sicherheit zu sein, entdeckten sie, dass ihnen ein Schiff folgte, das doppelt so groß wie die Argo war, doppelt so viele Ruderer hatte und deshalb schnell näher kam. Bald war das Schiff so nah, dass Medea den Mann am Steuer deutlich erkennen konnte: Es war ihr Vater.

Obwohl die Argonauten sich alle Mühe gaben, noch schneller zu rudern, kamen sie bald an die Grenzen ihrer Kräfte. Das große Schiff des Aietes war inzwischen so dicht herangekommen, dass man mit einem großen Satz von einem Schiff zum anderen hätte springen können. Entsetzt starrte Medea ihren Bruder Absyrtos an. Ihr war klar, dass er sie an ihren Vater verraten haben musste. In einem plötzlichen Anfall von Zorn fasste Medea einen Entschluss, den sie für den Rest ihres Lebens bereuen sollte: Sie packte ihren Bruder an den Schultern und riss ihn mit ihren eigenen Händen in Stücke. Dann warf sie ein Stück nach dem anderen über Bord ins Meer. König Aietes schrie vor Entsetzen auf, als er das sah. Er ließ sein Schiff anhalten, um die einzelnen Teile von Absyrtos aus dem Meer zu fischen. Als er die Stücke schließlich am Strand wie ein Puzzle wieder zusammengesetzt hatte, um ihn bestatten zu können, war die Argo mit Jason und Medea längst am Horizont verschwunden.«

DER PARNASS

Käuzchen scharrte ungeduldig mit den Krallen im Waldboden. »Und was ist dann passiert? War die Geschichte damit zu Ende?« Steinkauz schmunzelte. »Nun ja, für Absyrtos leider schon«, sagte er. »Für Jason noch nicht.« Er erzählte seiner Enkelin, dass Jason zwar schließlich mit Medea und dem Goldenen Vlies nach Iolkos zurückkehrte, ihr Glück aber nicht lang hielt.

»Für die Eulen, die in den Wäldern des Pilion lebten, war der erste Baum, der für den Bau der Argo gefällt wurde, allerdings der Anfang vom Ende eines Goldenen Zeitalters. Die Eulen konnten nicht mehr lang auf dem Pilion leben. Ohne die Schatten spendenden Bäume, die Schutz vor der sengenden Sonne boten, verdorrte der Boden auf dem Berg. Außerdem wurden mit den Kiefern ihre Häuser zerstört. Auf der Suche nach kühleren Nächten, fetteren Mäusen und vor allem weniger Menschen verließen die Eulen schließlich ihre Heimat und zogen nach Süden.«

Als er zu Ende erzählt hatte, breitete Steinkauz erneut die Flügel aus und schwang sich wieder in die Lüfte. Käuzchen beeilte sich, ihm zu folgen. Nach einer Weile erreichten die beiden Eulen endlich einen anderen Berg, der bis zum Gipfel von Wald bedeckt war. Sie landeten in der Krone eines Baumes. Steinkauz nannte den Berg Parnass und erklärte Käuzchen, hier hätten die Eulen Zuflucht gefunden, nachdem der Pilion für sie verloren gewesen sei. »In einer Sprache, die so alt ist, dass sie heute keiner mehr spricht, bedeutet ›Parna‹ Zuhause«, sagte Steinkauz nachdenklich. »War es das?«, fragte Käuzchen. »Euer neues Zuhause, meine ich?« »Für eine Weile war der Parnass unser Zuhause«, antwortete Steinkauz, »aber nicht für immer.«

Während Käuzchen den Worten ihres Großvaters lauschte, bemerkte sie um sich herum ein merkwürdiges Summen. Erst bestand es nur aus einem einzelnen Ton, dann fiel eine zweite Stimme ein und dann sogar eine dritte. »Hörst du das?«, fragte Käuzchen. »Höre ich was?«, fragte Steinkauz scheinheilig, aber Käuzchen erkannte an dem schelmischen Zucken rund um den Schnabel des Großvaters, dass er natürlich ganz genau wusste, wovon sie sprach. »Ach das!«, sagte er. »Das sind nur die Bäume. Sie singen.« »Bäume können doch gar nicht singen!«, kicherte Käuzchen. »Diese hier schon«, widersprach Steinkauz. »Hör nur gut zu.« Und tatsächlich, je genauer Käuzchen hinhörte, desto klarer konnte sie die sanften Stimmen der Bäume um sie herum unterscheiden. Steinkauz erklärte ihr, dass der Berg Apollon gehöre, dem Gott der Dichtkunst, der Musik und des Sonnenauf- und -untergangs.

»Hier am Parnass haben die Eulen gelernt, dass man seine Versprechen halten muss«, sagte Steinkauz. Er rückte ein wenig hin und her und machte es sich auf seinem Ast gemütlich, um Käuzchen die Geschichte von Orpheus, einem Sänger, der auch auf dem Parnass zu Hause gewesen war, zu erzählen.

Steinkauz holte tief Luft, um anzufangen, als die beiden Vögel von einem heftigen Windstoß erfasst und von ihrem Ast hoch in die Luft geschleudert wurden. Schnell breiteten sie die Flügel aus und landeten sicher am Fuß des Baumes. Verwundert blickten sie in den Himmel und entdeckten einen riesigen weißen Hengst mit sternenbesetzter Mähne, der majestätisch auf goldenen Flügeln in der Luft schwebte. Mit seinem Flügelschlag hatte er den Baum, auf dem sie gesessen hatten, vollständig entnadelt. Er wieherte ohrenbetäubend und verkundete dann mit lauter Stimme: »Ich bin Pegasus. Willkommen auf dem Parnass!« Käuzchen staunte nicht schlecht. Auf diesem wundersamen

Berg konnten nicht nur Bäume singen, sondern auch Pferde fliegen! Pegasus schleuderte seine unglaubliche Mähne herum und schwang sich dann in einer Geschwindigkeit, von der die Eulen nur träumen konnten, in den Nachthimmel hinauf. »Dann kennst du jetzt also auch Pegasus!«, lachte Steinkauz.

PEGASUS UND BELLEROPHON

»Pegasus war in ganz Griechenland berühmt als Begleiter Bellerophons, eines großen Helden. Gemeinsam hatten sie die Chimära besiegt, ein schreckliches Ungeheuer mit einem Löwen- und einem Ziegenkopf und einer Schlange als Schwanz. Die Götter waren heilfroh darüber, dass die Chimära tot war, und sehr zufrieden mit Bellerophon. Aber das reichte dem furchtlosen jungen Mann nicht aus. Er hatte Geschmack am Ruhm gefunden und wollte nun immer mehr davon. Eines Tages ging sein Hochmut mit ihm durch. Er beschloss, auf Pegasus hoch in den Himmel hinauf bis zum Olymp, dem Zuhause der Götter, zu reiten.

Bellerophon wusste genau, dass es den Menschen streng verboten war, die Grenzen zur Welt der Götter zu überschreiten. Aber er war zu hochmütig, um über Regeln und Gesetze nachzudenken. Als Zeus ein strahlend weißes Pferd mit goldenen Flügeln am Himmel auf sich zukommen sah, war ihm natürlich sofort klar, dass der Reiter auf Pegasus' Rücken Bellerophon sein musste. Der König der Götter beschloss, dem Helden eine Lektion zu erteilen. Er fing eine winzige Pferdebremse aus der Luft und schickte sie zu Pegasus. Als das surrende kleine Insekt den Hengst umschwirrte, vergaß der für einen Augenblick ganz, dass er ein fliegendes Zauberpferd war. Er buckelte und schlug aus wie ein alter Esel, um die Bremse zu vertreiben. Bellerophon verlor den Halt und stürzte von Pegasus' Rücken und zurück auf die Erde, wo er für den Rest seiner Tage einsam und verlassen umherzog.

DIE GRÜNDUNG LYKOREAS

Bevor Pegasus Bellerophon begegnet war, hatte er an den marmornen Nordhängen des Parnass gelebt. Auf derselben Seite des Bergmassivs lag die Stadt Lykorea. Die Bewohner der Stadt waren vor langer Zeit aus dem Tal heraufgekommen. Sie hatten versteckt in einem Dorf in einem schattigen Wäldchen am Fuß des Berges gelebt. Mitten durch dieses Dorf floss ein Fluss. Er war die Lebensader der Menschen. Jeden Tag tranken sie sein Wasser, badeten darin und spielten an seinen Ufern. Manche behaupten, sie hätten den Fluss zu selbstverständlich genommen. Keiner weiß genau, ob ein Gott ihn dazu angestiftet oder ein Mensch ihn verärgert hatte, jedenfalls wendete sich der Fluss eines Tages gegen die Menschen, die an seinen Ufern wohnten. Er schwoll immer weiter an, bis er in ihre Häuser eindringen und ihre Herdfeuer löschen konnte. Die Dorfbewohner rafften zusammen, was sie tragen konnten, und flohen. Sie versuchten, über die schmalen, gewundenen Pfade so hoch in die Berge zu kommen, dass das Wasser sie nicht mehr erreichen und die Sonne sie wärmen und trocknen könnte. Aber sie hatten sich getäuscht. Das Wasser folgte den Berg hinauf. Durch die Nässe wurden die Marmorfelsen unter ihren Füßen ganz rutschig, und die

Wege verschwanden unter den dunklen Wassermassen. Irgendwann waren die Alten und Schwachen am Ende des Zuges zu erschöpft, um weiterzugehen.

Als sie gerade aufgeben und sich zurück ins Tal spülen lassen wollten, blieb ein Mädchen namens Kora so plötzlich und unvermittelt stehen, dass diejenigen, die hinter ihr gingen, sie fast umgerannt hätten. ›Hört ihr das?‹, flüsterte sie. Die anderen schüttelten den Kopf und dachten, vor Erschöpfung würde das Mädchen schon etwas hören, was es gar nicht gab. Doch da war das Geräusch erneut, diesmal lauter. Es klang fast wehmütig. Kora sah sich um. Jenseits des Tales glaubte sie, weiße Tupfen die Felswände entlanghuschen zu sehen. Es war ein Rudel von Wölfen, die einander mit ihrem Geheul den Weg zu einem sichereren Ort wiesen. So schnell sie konnte, lief Kora hinter ihnen her, und die anderen Dorfbewohner folgten ihr. Sie mussten ihre Schritte sorgfältig setzen, um nicht abzustürzen. Aber die tiefen Spuren der Wölfe gaben ihnen Halt und führten sie sicher an den steilen Hängen entlang. Nach einer gefühlten Ewigkeit erreichten die Familien den höchsten Gipfel des Parnass. Hierher konnte ihnen das Wasser nicht folgen. Mit trockenem Boden unter den Füßen machten sie sich daran, ihr Dorf wieder aufzubauen. Von diesem Tag an kletterte Kora jeden Morgen auf das Dach des kleinen Hauses ihrer Familie, um nach den Wölfen Ausschau zu halten, aber sie sah die Tiere nie wieder. Die Leute nannten ihr neues Zuhause Lykorea, ›das Heulen der Wölfe‹, nach dem Geräusch, dem sie es zu verdanken hatten.

ORPHEUS UND EURYDIKE

Auf dem Parnass, dem Berg des Apollon, lebten auch die Musen. Diese neun Schwestern hatten schönere Stimmen, als Sterbliche sich überhaupt vorstellen konnten, und sie hatten bereits unzählige wunderbare Geschichten und Lieder geschrieben, bevor ein menschlicher Dichter auch nur daran gedacht hatte, dergleichen zu verfassen.

Die älteste der Musenschwestern, Kalliope, hatte einen kleinen Sohn namens Orpheus. Eines Tages, als Orpheus im Sand spielte, spürte er plötzlich einen kühlen Hauch im Nacken und sah sich um. Da stand Apollon, der schweigend etwas aus den Falten seines Gewands zog und es vor Orpheus auf den Boden legte. Orpheus hatte noch nie so etwas gesehen. Es sah aus wie ein Schildkrötenpanzer mit langen, nach außen gebogenen Hörnern, die durch einen Steg verbunden waren. Zwischen diesem Steg und dem Panzer waren sieben Fäden gespannt, die aussahen wie Haare aus der Mähne eines Schimmels. Orpheus' Neugier war geweckt. Er wollte sich das sonderbare Ding gern aus der Nähe ansehen. Da begann Apollon zu sprechen. Er hatte eine so tiefe, klangvolle

Stimme, dass Orpheus sich nicht ganz sicher war, ob der Gott sprach oder sang. ›Hast du schon einmal eine Lyra gesehen, Orpheus?‹, fragte er. Das hatte Orpheus nicht. Behutsam hob er das Instrument auf, stellte es sich aufs Knie und zupfte an einem der Rosshaare. Ein einzelner Ton erklang. Vor Schreck ließ Orpheus den Schildkrötenpanzer fallen. ›Du wirst lernen, damit umzugehen‹, war Apollons Singsang zu hören. Rasch wischte Orpheus den Staub von der Lyra. Aber als er wieder aufsah, war Apollon verschwunden.

Und ob Orpheus lernte, mit der Lyra umzugehen! Er lernte traurige Lieder von seiner Mutter, fröhliche von seiner Tante Thalia und Liebeslieder von seiner Tante Erato. Er übte, bis er eine Melodie zu jedem Tanz, den seine Tante Terpsichore kannte, beherrschte und bis er den perfekten Ton für jeden Stern, den seine Tante Urania ihm zeigte, gefunden hatte. Bald war Orpheus in ganz Griechenland für seine Musik berühmt – und nicht nur bei den Menschen! Spielte Orpheus zum Beispiel in einem Wald, schienen sich sogar die Bäume im Takt seiner Melodien zu wiegen. Orpheus war Apollon unendlich dankbar für sein wunderbares Geschenk, und zwischen den beiden entstand eine tiefe Freundschaft.

Als Orpheus alt genug war, heiratete er die Nymphe Eurydike. Sie war groß und schlank wie eine Eiche und hatte immer etwas zu erzählen. Alle waren sich einig, dass die beiden wunderbar zusammenpassten. Trotzdem kämpfte Hymen, der Gott der Ehe, mit den Tränen, als er die Lieder hörte, die Orpheus bei ihrer Hochzeit sang, und das Paar auf der Wiese tanzen sah. ›Dieses Glück wird nicht von Dauer sein‹, seufzte er nur.

Spät am Abend machte sich Eurydike auf den Heimweg. Unterwegs begegnete ihr der Hirte Aristaios. Der war schon lang in Eurydike verliebt und nun ganz verzweifelt und wütend, weil sie Orpheus geheiratet hatte. Statt zu winken, lief Aristaios auf die schöne Nymphe zu und hatte dabei einen so seltsamen Gesichtsausdruck, dass Eurydike erschrak und davonrannte. In ihrer Angst achtete sie nicht darauf, wohin sie trat. Plötzlich spürte sie einen Schmerz, der sich wie Nadelstiche in ihren linken Fußknöchel bohrte. Schnell breitete sich dieser Schmerz das Bein hinauf über den Bauch bis in ihre Brust aus. Sie bekam keine Luft mehr, stürzte und blieb leblos auf der Wiese liegen. Ihre Seele verließ ihren Körper und machte sich auf den Weg in die Unterwelt. Die giftige Schlange, die sie gebissen hatte, schlängelte sich über ihren Fuß und verschwand in einem nahen Gebüsch.

Als Orpheus entdeckte, was mit seiner Frau geschehen war, war er verzweifelt. Er griff nach seiner Lyra und spielte tagaus, tagein die traurigsten Lieder, die man sich nur vorstellen kann. Er unterbrach sein Spiel nur, um sich die Tränen wegzuwischen. Die Musik war so traurig, dass nicht nur die Nymphen in den Flüssen, sondern auch die Bäume weinen mussten. Sogar die Felsen kämpften mit den Tränen. Der Klang breitete sich immer weiter aus, bis Orpheus schließlich den wohlbekannten Hauch im Nacken spürte und die tiefe, melodische Stimme Apollons sagen hörte: ›Geh nach Sparta und suche Charon, den Fährmann. Sag ihm, er soll dich über den Styx bringen.‹ Orpheus' Spiel wurde schneller, sodass überall zu hören war, wie sehr ihn dieser Gedanke ängstigte. Kein Mensch, der je den Styx überquert hatte, war lebend zurückgekommen. Als hätte er Orpheus' Gedanken gehört, fuhr Apollon fort: ›Das ist noch nicht alles. Auf dem Weg ins Herz der Unterwelt wird dir ein riesiger Hund mit drei Köpfen begegnen. Erst wenn du ihn überwunden hast, kannst du Hades und Persephone darum bitten, Eurydike ins Reich der Lebenden zurückbringen zu dürfen.‹ Orpheus öffnete den Mund, aber bevor er etwas sagen konnte, war Apollon verschwunden.

Orpheus packte seine Lyra und reiste auf dem schnellsten Weg nach Sparta. Als er am Ufer des Styx stand, kam Charon, der Fährmann, geradewegs auf ihn zugefahren. Mit einem langen Stab, den er immer wieder auf den Grund des Flusses senkte, schob der alte Mann das Boot den Styx entlang. In seinen Augen flackerten blaue Flämmchen. ›Komm an Bord, toter Mann‹, sagte er mit einer Stimme, die wie das Kratzen von Eisen auf Stein klang. Orpheus hätte dem Alten gern erklärt, dass er noch gar nicht gestorben war, aber er brachte kein

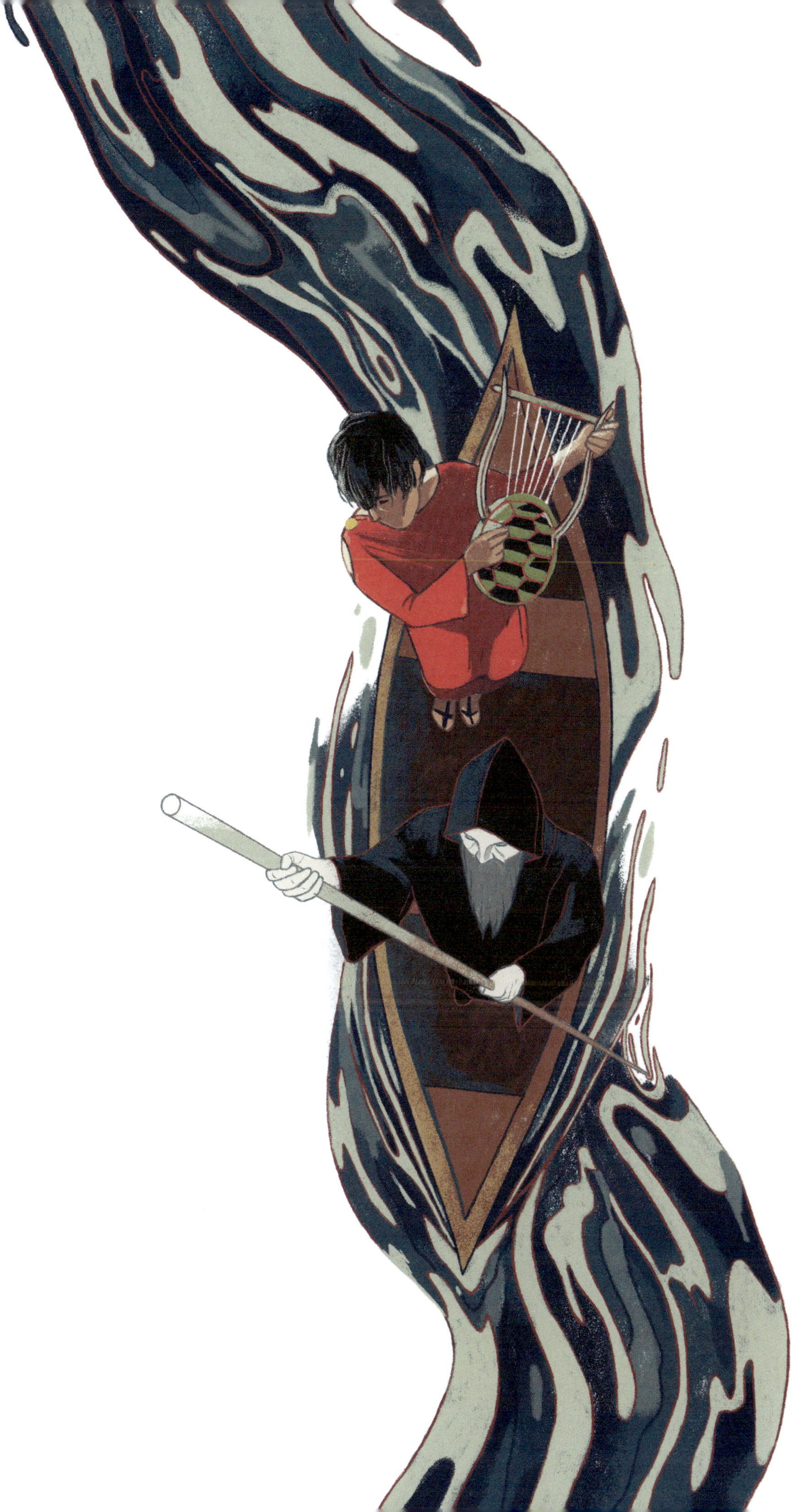

Wort heraus. Da er sich ohnehin immer besser durch seine Musik als durch Worte hatte ausdrücken können, griff er nach seiner Lyra und spielte die Klagelieder, die er seit dem Tod Eurydikes so oft angestimmt hatte. Da verfinsterten sich die flammenden Augen des Fährmanns zu einem Glimmen, und eine einzelne Träne rollte ihm über die Wange.

Mit jedem Stoß seines Stabes brachte Charon das Boot tiefer in die Dunkelheit, bis es plötzlich mit einem Ruck auf Grund lief. Orpheus tastete sich ans Ufer und sah dem alten Fährmann sorgenvoll dabei zu, wie der das Boot zurück ins helle Sonnenlicht trieb. Plötzlich zuckte Orpheus zusammen. Der Boden unter seinen Füßen schien sich zu bewegen! Er hob und senkte sich in einem gleichmäßigen Rhythmus. Orpheus erkannte, dass er nicht etwa festen Boden unter den Füßen hatte, sondern den Leib eines riesigen Tieres. Als sich seine Augen an die Dunkelheit gewöhnt hatten, konnte Orpheus erkennen, dass er auf dem größten Hund stand, den je ein Mensch gesehen hatte. Zu allem Überfluss hatte das Ungeheuer – Orpheus zählte – drei Köpfe! Der Hund schien zu schlafen, alle sechs Augen waren geschlossen, aber unter den geschlossenen Augen konnte Orpheus drei Mäuler mit scharfen Zähnen ausmachen. Er machte sich ganz leicht, schlich auf Zehenspitzen über den Brustkorb der Bestie und sprang dann von einem Schulterblatt zu Boden. Dabei zupfte er eine sanfte, einlullende Melodie, sang dazu mit leiser Stimme, und siehe da, das Ungeheuer wachte nicht auf!

Ganz vorsichtig einen Fuß vor den anderen setzend, drang Orpheus immer tiefer in die Unterwelt vor. Auf einmal hörte er in einiger Entfernung eine Frau weinen. Ihr Schluchzen wies ihm den Weg durch die Dunkelheit. Schließlich war er nahe genug herangekommen, um ihr Seufzen zu verstehen: ›Was ist das nur für eine furchtbar traurige Musik? Das ist ja kaum auszuhalten!‹ Schemenhaft erblickte er Persephone, die Gattin des Hades. Sie saß in sich zusammengesunken in einem Sessel. Auch Hades war da. Er versuchte vergeblich, seine Frau aufzumuntern. Orpheus nahm all seinen Mut zusammen und sagte: ›Meine Frau ist am Tag unserer Hochzeit von einer Schlange gebissen worden. Nun ist sie hier. Ich bin gekommen, um sie zurückzuholen.‹ Um seine Worte zu untermalen, zupfte er noch einmal ein trauriges Lied auf seiner Lyra. Sofort wurden Hades und Persephone von solchem Kummer und Mitleid erfasst, dass sie Orpheus erlaubten, seine Frau mit sich zurück ins Reich der Lebenden zu nehmen. Aber es gab eine Bedingung: ›Du darfst dich nicht mehr umsehen, bis ihr die Tore der Unterwelt hinter euch gelassen habt und die Sonne auf euren Gesichter spürt. Das musst du versprechen‹, sagte Persephone und sah ihn mit ihrem durchdringenden, eisigen Blick an. ›Ich verspreche es‹, antwortete Orpheus. Den ganzen Rückweg über musste Orpheus nun blind darauf vertrauen, dass seine Frau auch wirklich hinter ihm war, denn er durfte sich ja nicht umsehen – noch nicht einmal, als er wieder in Charons Boot stieg, um den Styx zu überqueren.

Als er am anderen Ufer wieder festen Boden unter den Füßen hatte, stampfte er bei jedem Schritt, den er sich dem Reich der Lebenden näherte, ganz fest auf,

damit Eurydike seinen Spuren folgen konnte. Erste Lichtstrahlen fielen durch das Tor vor ihm herein. Im Schein der Sonne sah er eine Reihe von Seelen, die geduldig auf ihre Überfahrt in die Unterwelt warteten. Orpheus heftete den Blick fest auf den Boden vor seinen Füßen und ging entschlossen weiter. Schon öffneten sich die dunklen, feuchten Felsen, und das Licht nahm zu. Das Reich der Lebenden war nur noch wenige Schritte entfernt. Da bekam Orpheus es ganz plötzlich mit der Angst. Täuschte er sich, oder waren Eurydikes gleichmäßige Schritte hinter ihm nicht mehr zu hören? In seinem Kopf kreisten Persephones Worte: ›Du darfst dich nicht umsehen! Du darfst dich nicht umsehen!‹ In ihrer ständigen Wiederholung klangen sie fast wie eine Melodie. Orpheus machte wieder einen Schritt. Die Melodie in seinem

Kopf wurde lauter, aber die Worte, aus denen sie entstanden war, verschwammen immer mehr, bis sie auf einmal ganz verschwunden waren. Langsam drehte Orpheus den Kopf über die Schulter voller Sehnsucht, Eurydike endlich wieder in die Augen zu sehen. Tatsächlich konnte er einen Blick auf sie erhaschen. Glückselig streckte er die Arme nach seiner geliebten Frau aus, aber er griff ins Leere. Orpheus hatte sein Versprechen gebrochen – und Eurydike war verschwunden.«

DIE STADT THEBEN

»Hat Orpheus Eurydike jemals wiedergesehen?«, fragte Käuzchen erschrocken. »Schon, aber nicht zu seinen Lebzeiten«, antwortete Steinkauz. »Orpheus versuchte für den Rest seines Lebens vergeblich, Eurydike aus der Unterwelt zurückzuholen. Schließlich bat er die Götter um seinen eigenen Tod, um wieder mit seiner Frau vereint zu sein, und die Götter gewährten ihm seinen Wunsch. Nun singen und lachen und erzählen die beiden gemeinsam bis ans Ende der Zeit in den Elysischen Gefilden. Ich würde sagen, für heute hast du genug über die Wanderungen der Eulen gehört«, sagte Steinkauz dann. »Wir sollten uns auf den Heimweg machen.«

Dicht nebeneinander flogen Steinkauz und Käuzchen in Richtung Südosten. Ein gutes Stück weiter hatte der Boden unter ihnen eine sonderbar dunkelrote Farbe. Sie ließen sich ein Stück tiefer sinken, um der Sache auf den Grund zu gehen. In der nackten roten Erde klafften längliche Löcher, jedes groß genug, um einen menschlichen Körper zu fassen. Scharen von Krähen kreisten über dem gespenstischen Acker oder hüpften auf dem Boden herum und scharrten nach Nahrung. Käuzchen hörte, wie sie miteinander über die ungebetenen Gäste flüsterten und sich um die herumliegenden Knöchelchen stritten. Erschrocken drückte sich die kleine Eule ganz dicht an ihren Großvater.

Vor ihnen lagen sieben gewaltige steinerne Tore. Käuzchen war unbehaglich zumute. Die Stadt, die sie nun überflogen, war ganz anders als Athen. Hier konnte sich ganz bestimmt niemand zu Hause fühlen! »Wofür waren denn die Löcher auf dem Feld?«, fragte sie. »Und wieso lagen dort überall Knochen?« »Lang bevor Eulen sich hier niederließen«, antwortete Steinkauz, »war hier nichts als eine Quelle, an der eine einzelne gelbe Blume wuchs. Kadmos, Thebens erster König, entdeckte sie fast zufällig. Das Orakel von Delphi hatte dem Königssohn geraten, einer Kuh mit einem sichelförmigen Fleck auf dem Rücken zu folgen. Dort, wo die Kuh sich zum Ausruhen niederlasse, solle er eine neue Stadt gründen.

Kadmos gefiel die Idee, König einer neuen Stadt zu werden. Also lief er der Kuh tagelang hinterher. Ohne anzuhalten, führte sie ihn immer weiter Richtung Osten, bis sie schließlich eine üppige Wiese an einem klaren, eiskalten Bächlein erreichten. Wo der Bach entsprang, stand eine einzelne gelbe Blume. Als Kadmos sich der Quelle näherte, um zu trinken, ertönte ein Geräusch, das sich ein wenig wie der Schrei einer Krähe anhörte, nur hundertmal lauter und furcht-

erregender. Der Boden erbebte, und aus der Quelle brach ein fürchterlicher Drache hervor. Kadmos zog sein Schwert und erschlug den Drachen nach einem erbitterten Kampf.«

Käuzchen wusste, was als Nächstes passierte. »Dann ist Athene erschienen, oder?«, fragte sie ungeduldig. »Ja, genau«, antwortete Steinkauz. »Sie trug Kadmos auf, die Zähne des Drachen wie Samenkörner in die Erde zu säen. Kadmos folgte ihrem Befehl, und kaum hatte er den letzten Drachenzahn gepflanzt, da bebte der Boden erneut, und eine gewaltige Staubwolke türmte sich über der Wiese auf. An jeder Stelle, an der er einen Drachenzahn ausgesät hatte, sprang ein Mann in voller Rüstung aus dem Boden. Kadmos traute seinen Augen kaum. Aus Angst, die Krieger würden ihn angreifen, hob er einen großen Stein auf und warf ihn nach den frisch gesprossenen Männern. Diese hatten nicht gesehen, wer den Stein geworfen hatte, und verdächtigten sich sofort gegenseitig. Sie zückten die Waffen, gingen aufeinander los, und jeder tötete so viele seiner Brüder, wie er konnte. Am Ende blieben nur fünf übrig. Diese fünf sollten die ersten Bewohner Thebens werden.« »Sie töteten ihre eigenen Brüder?« Käuzchen konnte es nicht fassen. »Theben war nie eine besonders familienfreundliche Stadt«, sagte Steinkauz mit einem Achselzucken. »Es war ein dunkler, unheilvoller Ort, wo es schwerfiel, die Wahrheit zu erkennen, und wo die Leute nicht immer waren, was sie zu sein schienen.«

ÖDIPUS UND IOKASTE

»Viele Generationen nach Kadmos und den Drachenzahnmännern herrschten König Laios und Königin Iokaste über Theben. Kurz nach der Geburt ihres Sohnes Ödipus sagte ihnen das Orakel von Delphi etwas Schreckliches voraus. Das Orakel war eine Frau, der der Gott Apollon die Gabe verliehen hatte, in die Zukunft zu sehen. Was sie Laios und Iokaste weissagte, war das Grauenvollste, das man sich vorstellen konnte. Sie erklärte dem Königspaar, eines Tages werde ihr neugeborenes Kind seinen Vater töten und seine Mutter heiraten! Um zu verhindern, dass diese Prophezeiung sich erfüllte, beschlossen die verzweifelten Eltern, ihren Sohn auszusetzen. Unter Tränen durchbohrte Laios dem Kind mit einem Dolch die Fußknöchel, damit es nicht mehr krabbeln konnte, und befahl einem Hirten, den Kleinen zum Sterben in die Berge zu bringen. Aber der Hirte brachte es nicht übers Herz, das Kind seinem Schicksal zu überlassen. Beim Anblick des kleinen Jungen musste er an seinen eigenen Sohn denken, der sicher und geborgen zu Hause war. Anstatt Ödipus auszusetzen, brachte er ihn zu Polybos, einem Schäfer, der weit oben in den Bergen lebte. Polybos und seine Frau Merope konnten keine eigenen Kinder bekommen. Sie nahmen Ödipus auf und zogen ihn mit aller Liebe und Freude, die man einem Kind nur wünschen kann, wie ihren eigenen Sohn groß.

Jahre später begegnete Ödipus einem Fremden, der behauptete, Polybos sei gar nicht Ödipus' richtiger Vater. Ödipus wollte das nicht glauben. Sofort machte er sich auf den Weg nach Delphi, um das Orakel nach der Wahrheit zu fragen. Das Orakel wiederholte aber nur dieselbe Weissagung, die es fast zwanzig Jahre zuvor König Laios und Königin Iokaste gemacht hatte: Ödipus sei es bestimmt, seinen Vater zu töten und seine Mutter zu heiraten. Vor Schreck über den Gedanken, er könne Polybos etwas antun, floh Ödipus und kehrte nie wieder zu seinen Zieheltern zurück.

Eines Tages kam er an eine Kreuzung, an der drei Straßen aufeinandertrafen. Ödipus wusste, dass an Kreuzungen oft Räuber lauerten. Deshalb näherte er sich mit großer Vorsicht. Tatsächlich kam plötzlich eine Gruppe von Männern auf ihn zugelaufen. Von der Sonne geblendet, glaubte Ödipus, Schwerter aufblitzen zu sehen. Erschrocken zog er sein Schwert und tötete einen der Männer nach dem anderen. Nur ein einziger konnte fliehen. Erleichtert, mit dem Leben davongekommen zu sein, setzte Ödipus seinen Weg fort und erreichte schließlich die Tore Thebens. Dort wachte eine Furcht einflößende Sphinx, ein Ungeheuer mit dem Kopf einer Frau, dem Körper eines Löwen und so gewaltigen Flügeln, dass sie die Sonne verdunkelten. Als sie Ödipus kommen sah, blickte die Sphinx ihn von der Spitze des Tores an und sprach mit geheimnisvoller Stimme: ›Niemand betritt Theben, ohne vorher mein Rätsel gelöst zu haben.‹ Ödipus wurde ganz schlecht vor Angst, als er erkannte, dass zwischen

den Vorderpfoten der Sphinx die abgenagten Knochen derer lagen, die das Rätsel nicht richtig beantwortet hatten. ›Sprich‹, stotterte Ödipus und lauschte dann angestrengt. ›Welches Wesen läuft morgens auf vier Beinen, mittags auf zwei Beinen und abends auf dreien?‹, donnerte die Sphinx feierlich und lachte dann hämisch aus vollem Hals. Kein Zweifel, schon viele waren an diesem Rätsel gescheitert. Ödipus dachte angestrengt nach. Er musste an seinen Vater Polybos denken, den er aus Liebe verlassen hatte. Er sah den alten Schäfer förmlich vor sich, wie er sich beim Gehen auf seinen Stab stützte. Der Stab gab ihm sicheren Halt, fast wie ein drittes Bein! ›D-d-der M-m-mensch‹, stammelte er plötzlich. ›Der Mensch! Als Baby krabbelt er auf allen vieren, als Erwachsener läuft er aufrecht auf zwei Beinen, und im Alter benutzt er einen Stock wie ein drittes Bein, um sich abzustützen.‹ Die Sphinx konnte nicht fassen, die richtige Antwort auf ihr Rätsel zu hören. In ihrer Verwirrung stürzte sie sich von ihrem Platz auf dem höchsten Punkt des Tores hinab und blieb tot im Staub liegen. Der Weg in die Stadt war frei.

Die Bewohner Thebens waren in tiefer Trauer über den Tod ihres Königs Laios. Man erzählte sich, er sei von einer Bande Straßenräubern getötet worden. Als bekannt wurde, dass Ödipus die Sphinx besiegt hatte, ernannten die Thebener kurzerhand ihn zu ihrem neuen König und führten ihn in den Palast, wo er Königin Iokaste kennenlernte. Die beiden verstanden sich auf Anhieb so gut, als hätten sie einander schon ein Leben lang gekannt. Schließlich heirateten sie und bekamen vier Kinder: die Söhne Polyneikes und Eteokles sowie die Töchter Antigone und Ismene.

Jahre später wurde Theben von einer schrecklichen Seuche heimgesucht. Die Thebener versuchten, die Götter durch Gebete, das Verbrennen von kostbaren Räucherwaren und Opfer gnädig zu stimmen, aber alles war umsonst. Es gab nicht einen Menschen in Theben, der nicht mindestens einen Nachbarn, einen Elternteil, einen Bruder, eine Schwester oder ein Kind

an die Pest verloren hatte. König Ödipus versprach seinen verzweifelten Untertanen, ein Heilmittel zu finden, und die Thebener glaubten ihm. Immerhin hatte ihr König schon einmal ein Wunder vollbracht, indem er das Rätsel der Sphinx gelöst hatte. Noch einmal machte sich Ödipus auf den Weg nach Delphi, um das Orakel zu befragen. Es sagte ihm, die Seuche sei die Strafe dafür, dass König Laios' Mörder ungestraft in Theben lebe. Sie könne erst überwunden werden, wenn der Schuldige die Stadt verlassen habe. Ödipus schwor, den Mörder zu finden und zu strafen. In der Luft über seinem Kopf lachten die Krähen, denn sie wussten bereits, dass der Mörder, den Ödipus zur Strecke bringen wollte, niemand anderer war als er selbst.

Wieder in Theben, rief Ödipus den uralten Seher Teiresias zu sich. Schon seit den Zeiten des Königs Kadmos stand dieser den Königen Thebens mit seinem Rat zur Seite. Obwohl Teiresias blind war, sah er viel mehr als andere Menschen, denn die Götter hatten ihm die Gabe der Weissagung

verliehen. Als Ödipus den weisen Alten fragte, wer Laios getötet habe, schüttelte der Seher nur den Kopf und sagte: ›Mein König sollte keine Fragen stellen, deren Antwort er nicht hören möchte.‹ Er flehte Ödipus an, nicht mehr verraten zu müssen, denn er wusste, welches Unglück die Wahrheit für seinen König bedeutete. Erst als Ödipus dem Seher drohte, rückte Teiresias mit der Sprache heraus. ›Du bist die Ursache dieser schrecklichen Seuche‹, gestand er dem entsetzten König. ›Du hast deinen eigenen Vater, den König von Theben getötet.‹ Ödipus wollte nicht glauben, was er da hörte, und machte sich über den Propheten lustig. Er sagte, offenbar sei dessen Blindheit jetzt auch auf seinen Verstand übergesprungen (obwohl er natürlich genau wusste, dass Blindheit sich nicht auf andere Körperteile ausbreitet). ›Du hingegen siehst trotz deines Augenlichts gar nichts‹, erwiderte Teiresias. Er zeigte Ödipus die Narben an den Fußknöcheln, die die Messerstiche seines Vaters Laios hinterlassen hatten. ›Dein Vater hat dich verstoßen, als du noch ein Baby warst.‹

Teiresias erzählte Ödipus von der Prophezeiung, die Laios dazu getrieben hatte. Da dämmerte Ödipus langsam die schreckliche Wahrheit. Trotzdem schickte er Teiresias fort und schwor, ihm nie wieder ein Wort zu glauben.

Dann schickte Ödipus seine Männer aus, um den Überlebenden des Kampfes an der Kreuzung zu finden. Dieser Mann, dachte Ödipus, könne sicher bezeugen, dass er König Laios nicht getötet hätte. Der Mann arbeitete vor

den Toren Thebens als Hirte. Er wurde in den Palast gebracht, wo Ödipus ihn persönlich verhörte. Natürlich kannte der Hirte die Wahrheit. An jenem Tag hatte er König Laios begleitet. Wie geweissagt, war Ödipus nicht nur König Laios' Sohn, sondern auch dessen Mörder. Entsetzt stürzte Ödipus zu Iokaste. Aber als er die Tür zu ihrem Gemach öffnete, fand er sie tot. Sie hatte die schreckliche Wahrheit bereits erfahren und sich das Leben genommen. In seinem Schmerz zog Ödipus die goldenen Nadeln aus Iokastes Gewand und stach sich damit die Augen aus. Dann floh er aus Theben, nur begleitet von seiner Tochter Antigone.

ANTIGONE

Leider war das längst nicht das letzte Unglück, das Ödipus' Familie widerfuhr. Nachdem ihr Vater Theben verlassen hatte, stand der Thron seinen Söhnen Polyneikes und Eteokles zu. Nur konnten diese beiden sich nicht einigen, wer von ihnen König sein sollte, und beschlossen, sich abzuwechseln. Ein Jahr lang würde zunächst Eteokles herrschen. Sobald die Vögel sich im Herbst auf den Weg in den Süden machen würden, sollte dann Polyneikes für ein Jahr die Herrschaft übernehmen.

Anfangs waren alle mit der Vereinbarung zufrieden, aber als die Nächte länger und kälter wurden und die Vögel schließlich in wärmere Gegenden aufbrachen, weigerte sich Eteokles, seinem Bruder den Thron zu überlassen. Dass sein Bruder sich nicht an die Abmachung halten wollte, machte Polyneikes sehr zornig. Er zog zunächst nach Athen und dann nach Argos, um sich Verbündete zu suchen. Sowohl König Theseus von Athen als auch König Adrastos von Argos boten ihre Hilfe dabei an, Eteokles zu stürzen. Aber auch Adrastos teilte seine Macht, und zwar mit dem Seher Amphiaraos. Dieser lehnte es ab, mit Polyneikes in den Krieg zu ziehen, denn er hatte vorhergesehen, dass dieser Krieg ihn das Leben kosten würde. ›Das Problem daran, ein Seher zu sein, ist, dass selbst dein eigener Tod dich nicht überraschen kann‹, sagte er. Aber Polyneikes kannte Amphiaraos' Schwäche: Der Seher liebte seine Frau Eriphyle so sehr, dass er ihr keinen Wunsch abschlagen konnte. Also überredete Polyneikes Eriphyle, sich für ihn einzusetzen, und nur kurze Zeit später zog Polyneikes mit Theseus, Adrastos, dem stetig von drohendem Unheil jammernden Seher Amphiaraos und ihren Heeren in Richtung Theben. Wochenlang kämpften die feindlichen Armeen vor den Toren der Stadt gegeneinander an, bis Eteokles und Polyneikes einander eines Tages auf dem Schlachtfeld gegenüberstanden. Im selben Augenblick versetzten die beiden Brüder dem jeweils anderen einen tödlichen Stoß und starben.

Nur kurz nach dem Tod der Brüder übernahm Kreon, der Onkel der beiden, die Herrschaft über Theben. Kreon hatte auf Eteokles' Seite gekämpft und erklärte nun Polyneikes zum Verräter. Das Gesetz schrieb vor, dass in der Schlacht gefallene Verräter nicht beerdigt werden dürften. Ihre Leichen sollten auf dem Schlachtfeld liegen bleiben, bis die Krähen sie aufgefressen hätten. Kreon ließ verkünden, wer Polyneikes begrübe, werde mit dem Tod bestraft. Niemand in

Theben wagte, diesen Befehl zu missachten. Niemand außer Antigone. Sie konnte den Gedanken nicht ertragen, dass ihr geliebter Bruder nicht begraben werden durfte und seine Seele so vielleicht bis in alle Ewigkeit ruhelos auf Erden umgehen müsse. Also widersetzte sie sich Kreons Gesetz. Sie warf gerade die letzte Handvoll Erde auf das Grab ihres Bruders, da erschienen auch schon Kreons Soldaten, um sie gefangen zu nehmen. Antigone versuchte erst gar nicht, zu leugnen, denn sie war sicher, das Richtige getan zu haben.

Kreon musste sich natürlich an sein eigenes Gesetz halten. Er ließ Antigone in eine Höhle sperren, wo sie einsam und allein verhungern sollte. Viele baten bei Kreon um Gnade für Antigone, sogar Kreons Sohn Haemon, der in Antigone verliebt war. Aber Kreon ließ sich nicht erweichen. Erst als der alte Seher Teiresias, der dafür bekannt war, niemals zu lügen, Kreon klarmachte, wie grausam und ungerecht er sei, schickte Kreon Soldaten los, um Antigone freizulassen. Aber es war zu spät. Antigone war schon verdurstet. Als Haemon erfuhr, dass sein Vater seine Geliebte tatsächlich getötet hatte, hörte sein Herz vor lauter Schmerz auf zu schlagen. Und noch in derselben Nacht brachte der Kummer über den Verlust ihres Sohnes auch Haemons Mutter um. König Kreon hatte an einem einzigen Tag seine Nichte, seinen Sohn und seine Frau verloren.

ECHO UND NARZISS

Teiresias teilte sein Wissen aber nicht nur mit Königen. Der Mutter des Narziss sagte er kurz nach der Geburt ihres Sohnes weis: ›Dein Sohn wird lang und glücklich leben, solange er sich nicht selbst erkennt.‹ Aus Furcht davor, was diese Weissagung bedeuten könnte, entfernte die Mutter alle Spiegel und anderen spiegelnden Dinge aus ihrem Haus. Narziss sollte nie erfahren, wie er aussah. Leider stachelte das Verhalten aller, denen Narziss begegnete, seine Neugier sehr an. Wer ihn sah, konnte seinen Blick nur schwer wieder von ihm abwenden. Schon als er ein kleiner Junge gewesen war, waren die Leute stehen geblieben, um ihn zu bewundern. Selbst die Nymphen in den Wäldern rund um Theben waren in Narziss verliebt.

Besonders schlimm erwischte es Echo, eine Nymphe, die ihr Herz eigentlich immer auf der Zunge getragen hatte. Dass sie kein Wort sagen konnte, als sie Narziss eines Tages begegnete, verdankte sie der Göttermutter Hera. Hera wusste, dass Zeus, ihr Ehemann, gern mit den schönen Nymphen des Waldes anbandelte. Immer wieder hatte sie versucht, ihn dabei zu ertappen und zur Rede zu stellen, aber jedes Mal hatte Echo sie in ein Gespräch über ferne Länder, in dem die Pferde sprechen konnten, oder die Heilkräfte irgendeiner bestimmten Pflanze, von der sie

gelesen hatte, verwickelt, sodass Hera ihr eigentliches Vorhaben ganz vergessen hatte. Um das künftig zu verhindern, belegte Hera die geschwätzige Echo mit einem Fluch: ›Mit deinem Plappermaul hast du mich oft genug hinters Licht geführt‹, schimpfte sie. ›Fortan wirst du nie mehr deine eigenen Gedanken aussprechen, sondern nur noch wiederholen können, was andere zu dir sagen.‹ Echo wollte etwas erwidern, brachte zu ihrem Entsetzen aber nur heraus, was sie zuletzt gehört hatte: ›Dir sagen. Dir sagen.‹

Aus diesem Grund konnte Echo Narziss nicht ansprechen, als sie ihn traf und sich Hals über Kopf in ihn verliebte. Ihr blieb nichts anderes übrig, als dem jungen Mann, der geschmeidig und flink wie ein Reh durch den Wald lief, wortlos zu folgen. Als Narziss das bemerkte, drehte er sich immer wieder nach ihr um und lächelte, und sie lächelte schweigend zurück. Narziss war schnell und entfernte sich immer weiter von der Nymphe. Echo hatte ihn schon aus den Augen verloren, als Narziss plötzlich rief: ›Wer bist du? Wer verfolgt mich?‹ Nun konnte Echo ihm antworten: ›Ich, ich, ich.‹ ›Ich warte hier auf dich!‹, rief Narziss dem geheimnisvollen Mädchen zu. ›Komm doch zu mir!‹ ›Zu mir, mir, mir!‹, antwortete die Nymphe. ›Dann treffen wir uns eben auf halbem Weg‹, sagte Narziss. ›Ich komme schon.‹ ›Komme schon, komme schon!‹, sagte auch Echo. Als die Nymphe den schönen jungen Mann auf sich zukommen sah, konnte sie nicht

anders, als die Arme auszubreiten, so sehr wünschte sie sich, ihn zu umarmen. Aber Narziss, der durch die Bewunderung, die er überall erlebte, sehr hochmütig geworden war, stieß das Mädchen einfach zurück. ›Eher würde ich sterben! Wage es nicht, mich zu berühren!‹ ›Berühren! Berühren!‹, flehte Echo wehmütig.

So tief gekränkt, wandte sich die junge Nymphe ab und lief davon. Weit genug entfernt, schlüpfte sie durch ein Loch in einen hohlen Baum und blieb in ihrem Kummer dort sitzen, bis sie langsam eins wurde mit dem Baum und den Felsen, in denen er wurzelte. Das Einzige, was von ihr blieb, war ihre Stimme. Diese wurde vom Wind in alle Himmelsrichtungen getragen. Bis heute ist an manchen Orten zu hören, wie sie die Worte anderer wiederholt.

Der hochmütige Narziss brach noch vielen anderen Nymphen das Herz, bis diese zu den Göttern flehten, ihn ebenso leiden zu lassen, wie sie litten: Auch er sollte sich in jemanden verlieben, den er nicht erreichen könnte. Nemesis, die Göttin der Rache, erhörte ihre Gebete. Sie führte Narziss eines Tages an einen Teich, dessen Oberfläche so klar und glatt war wie ein Spiegel. Narziss ließ sich am Ufer nieder, um zu trinken. Als er sich mit dem Gesicht der Wasseroberfläche näherte, sah er sein eigenes Spiegelbild und verliebte sich auf den ersten Blick so unsterblich in sich selbst, dass er sich nicht mehr von seinem Anblick losreißen konnte. So blieb er bewegungslos am Ufer des Teiches sitzen und starrte sich an. Er vergaß darüber sogar, zu essen oder zu schlafen. Immer wenn er versuchte, den Geliebten zu berühren, kräuselte sich die Wasseroberfläche, und das Bild war verschwunden. Mit der Zeit schwand Narziss dahin, und an der Stelle, an der er gesessen hatte, spross eine einzelne Narzisse, die sich über die Wasseroberfläche beugte, um bis in alle Ewigkeit ihr Spiegelbild zu betrachten.

PENTHEUS UND DIONYSOS

Als König Kadmos noch über Theben herrschte, war es dort verboten, den Gott Dionysos zu verehren. Kadmos fürchtete, der Gott des Weines, des Theaters und der Feste würde das Volk zur Zügellosigkeit anstiften. Als Kadmos zu alt geworden war, um über Theben zu herrschen, folgte sein Enkel Pentheus ihm auf den Thron. Eines Tages kam ein Mann im Gewand eines Priesters nach Theben, der in deutlichen Worten forderte, Pentheus möge die Verehrung des Gottes Dionysos sofort wieder erlauben. Sollte er sich weigern, zu Dionysos' Ehren ein Fest abzuhalten, werde der Gott ihn schwer bestrafen. Aber Pentheus nahm diese Drohung nicht ernst und jagte den Mann davon.

Kurze Zeit darauf musste Pentheus feststellen, dass sich in der Stadt merkwürdige Dinge ereigneten. Vom Berg Kithairon herunter schallten Wolfsgeheul, Gesang und Trommeln. Wann immer der König das Haus eines seiner Untertanen aufsuchte, schienen die Frauen und Mädchen der Familien gerade ausgegangen zu sein. Wenn er fragte, wo die Damen seien, stammelten die Ehemänner und Väter etwas wie: ›Auf dem Markt‹, oder: ›In ihrem Gemach beim Weben‹. Das klang aber immer wie eine Lüge. Langsam keimte der Verdacht in Pentheus, der geheimnisvolle Priester könne etwas damit zu tun haben. Er ließ den Mann gefangen nehmen und in eine Kerkerzelle werfen, deren Tür zusätzlich mit einer Kette verschlossen wurde. Aber es half nichts. Das Heulen, Singen und Trommeln auf dem Berg ging weiter.

Als einige Tage später ein Bediensteter berichtete, er habe beobachtet, wie sich die Kette an der Zelle des Priesters in eine lebendige Schlange ver-

wandelt habe, rief Pentheus den alten Seher Teiresias – der viele Jahre später noch König Ödipus mit seinem Rat zur Seite stehen sollte – zu sich, um zu erfahren, was in der Stadt vor sich ging. ›Dein Blut wird sich über den Gipfel des Berges und die Hände deiner Mutter ergießen‹, sagte Teiresias nur mit ernster Miene. Pentheus lachte ihn aus. Er hatte ein außergewöhnlich gutes Verhältnis zu seiner Mutter und vertraute ihr alles an. Er konnte nicht glauben, dass sie ihm je irgendwelchen Schaden zufügen würde.

Vielmehr machte er sich große Sorgen um sie, denn wie die anderen Frauen Thebens war sie seit Tagen verschwunden. Er beschloss, den geheimnisvollen Priester zur Rede zu stellen. ›Seit deiner Ankunft in Theben geschehen hier seltsame Dinge: Vom Kithairon herunter dringen merkwürdige Geräusche, und die Frauen der Stadt sind verschwunden. Wer bist du, und was willst du hier?‹ Der Priester zuckte nur die Achseln und drehte sich weg. Pentheus ließ nicht locker: ›Wo sind unsere Frauen?‹ Der Priester fragte zurück: ›Du möchtest wissen, wo deine Mutter ist?‹ Pentheus nickte. Der Priester erzählte ihm, die Frauen feierten auf dem Kithairon mit Wein und Gesang ein Fest zu Ehren des Gottes Dionysos. Er schlug Pentheus vor, sich mit eigenen Augen davon zu überzeugen. Der König stimmte zu. Wenn der Priester die Wahrheit sagte, würde er die Gesetzesbrecherinnen allesamt in den Kerker werfen.

Pentheus folgte also dem Priester den Berg hinauf. Oben angekommen, kletterte er auf einen Baum, um unbemerkt und in sicherem Abstand das verbotene Fest zu beobachten. Bald näherte sich eine Gruppe von Frauen. Sie schlugen Trommeln, wanden sich in wildem Tanz, sangen und heulten

wie die Wölfe. An der Spitze des Zuges entdeckte Pentheus seine Mutter Agaue. Sie schien direkt auf ihn zuzukommen. Plötzlich griff ein ganzes Meer von Händen nach seinen Füßen. Die Frauen zerrten ihn vom Baum herunter und rissen ihm das Gewand vom Leib. Dann packte je eine Frau eine seiner Gliedmaßen, seine Mutter nahm seinen Kopf zwischen die Hände. Pentheus flehte, sie sollten ihn loslassen, aber in ihrem Rausch erkannten die Frauen den König nicht. Sie glaubten, einen wilden, brüllenden Löwen gefangen zu haben. Sie handelten wie unter dem Bann eines grausamen Gottes. Die Frauen verfielen in ein schreckliches Geheul, und im Wahn rissen sie König Pentheus in Stücke. Agaue steckte den Kopf ihres Sohnes auf einen Stock und trug ihn wie im Triumphzug in die Stadt hinunter. Der Priester sah dem Treiben ungerührt zu.

Stolz, einen Berglöwen mit eigenen Händen erlegt zu haben, wollte Agaue die Trophäe ihrem Vater Kadmos zeigen. Doch kaum hatte sie die Tür zu dessen Haus geöffnet, begann Dionysos' Bann langsam zu weichen. Sie betrachtete den Löwenkopf noch einmal und stutzte, denn das Löwengesicht schien an Brauen und Nase ihrem Sohn zu ähneln. Beim Anblick seiner Tochter mit dem aufgespießten Kopf seines Enkels in der Hand

brach Kadmos sofort in Tränen aus. Darauf sah auch Agaue noch einmal genauer hin und erkannte ihren Sohn. ›Das kann nicht sein!‹, schrie sie und brach zusammen. Der geheimnisvolle Priester war ihr bis ins Haus gefolgt. Nun legte er sein langes Gewand und die Kapuze ab. Vor ihnen stand Dionysos und lächelte. Er hatte der Königsfamilie Thebens eine wertvolle Lektion erteilt, was passieren konnte, wenn man einem launischen Gott verweigerte, ihn zu verehren.«

JENSEITS DES MEERES

Während er Käuzchen die wundersamen und oft traurigen Geschichten aus Theben erzählt hatte, war Steinkauz der Gedanke gekommen, dass es für das Eulenkind langsam Zeit wurde, nach Hause zu fliegen. Also schlugen sie die Richtung zurück nach Athen ein. Aber kaum hatten sie sich in die Luft geschwungen, wurden die beiden von einem plötzlichen Windstoß erfasst, der sie wie Blätter im Sturm herumwirbelte, erst hoch in die Luft, dann fast bis zum Boden. Steinkauz schloss die Augen und hoffte, die Windgötter würden ihnen erlauben, beisammenzubleiben.

Der Sturm rupfte ihnen am Gefieder, während sie sich wehrlos von ihm davontragen lassen mussten. Um sich herum sah Käuzchen nur noch tosende dunkle Wellen. Sie waren jetzt über dem Meer, das die Griechen »Thalassa« nannten – ein Name, der genauso klingt wie die Wellen, die an den Strand schlagen. Steinkauz musste an die vielen Seeleute denken, die in See gestochen und nie mehr nach Hause zurückgekehrt waren. Am Horizont sah er mit seinen scharfen Augen drei metallene Spitzen aus dem Wasser ragen. Das waren zweifellos die Spitzen von Poseidons Dreizack. Das Meer war das Reich des Meeresgottes Poseidon, der das Wasser Tag für Tag ansteigen und wieder sinken ließ und Seemänner und ihre Schiffe von Osten nach Westen und von Süden nach Norden schleuderte. Käuzchen fürchtete Poseidons Launen sehr.

SIE HATTE VIELE GESCHICHTEN VON MENSCHEN GEHÖRT, DIE WIND UND WELLEN WEHRLOS AUSGELIEFERT GEWESEN WAREN …

DAS TROJANISCHE PFERD

»Theben gegenüber lag auf der anderen Seite des Meeres die Stadt Troja. Poseidon selbst hatte der Stadt viele Jahr zuvor, als Laomedon dort König gewesen war, unüberwindliche Mauern geschenkt. Leider hatte Laomedon sich, als die Mauern erst einmal standen, geweigert, Poseidon den angemessenen Dank entgegenzubringen. Die Sicherheit innerhalb der Mauern ließ ihn hochmütig werden, und er verspottete den Meeresgott. Das sollte ihm noch leidtun!

Die Trojaner befanden sich im Krieg mit den Griechen. Diese versuchten schon seit über zehn Jahren, Troja einzunehmen. Jeden Vormittag arbeiteten sie sich in langen, erbitterten Kämpfen zwei Schritte näher an die Stadtmauer heran, nur um jeden Nachmittag in ebenso langen, erbitterten Kämpfen wieder um diese zwei Schritte zurückgedrängt zu werden. Eines Tages hatte Odysseus, der klügste Kopf unter den Griechen, eine großartige Idee. Er flüsterte Epeius, dem Heerführer, ins Ohr, seine Männer sollten im nahe gelegenen Wald Bäume schlagen und Bretter daraus machen. Fortan kämpften die Griechen am Tag wie gehabt vor den Toren Trojas und arbeiteten bei Nacht im Schutz der Dunkelheit an ihrer Geheimwaffe. Nach drei Tagen war der große Augenblick gekommen: Als der Morgen graute, stand vor Trojas Stadttor ein riesiges Pferd aus Holz. Odysseus hatte diese Form gewählt, weil er wusste, dass die Trojaner Pferde besonders schätzten. Ein so großes Holzpferd geschenkt zu bekommen, würde

ihnen sicher schmeicheln. Aber das Pferd war mehr als ein Standbild. In seinem Rumpf befand sich eine geheime Klappe, durch die fünfzig Griechen hineingeklettert waren. Bevor als Letzter Odysseus selbst in den Rumpf des Pferdes gestiegen war, hatte er ein Messer aus der Tasche gezogen und eine Botschaft in die Flanke des Pferdes geschnitzt:

τῆς εἰς οἶκον ἀνακομιδῆς Ἕλληνες Ἀθηνᾷ χαριστήριον

›Die Griechen bringen Athene dieses Pferd als Geschenk dar.
Sie bitten damit um eine sichere Heimfahrt.‹

Als die trojanischen Krieger bei Tagesanbruch in voller Rüstung durch das große Tor nach draußen traten, um die tägliche Schlacht zu beginnen, entdeckten sie, dass die griechische Armee verschwunden war. Zurückgeblieben war nur ein riesiges Holzpferd. Sie konnten ihr Glück kaum fassen. Odysseus' Botschaft an der Außenseite bestätigte: Die Griechen hatten sich zurückgezogen und das hölzerne Pferd als Opfergabe zurückgelassen. Da weit und breit keine Spur von den Griechen mehr zu entdecken war, schoben sie das Pferd durch das Tor in die Stadt hinein. Die Griechen im Pferderumpf konnten es vor lauter Spannung kaum aushalten. Sie wagten kaum, zu atmen, als sie den trojanischen Priesters Laokoon mahnen hörten: ›Hütet euch vor den Griechen, selbst wenn sie Geschenke bringen!‹ Aber die anderen Trojaner lachten Laokoon aus und versicherten ihm, die Griechen hätten den Kampf aufgegeben. Wenige Augenblicke später tauchten zwei gewaltige Schlangen aus dem Meer auf. Eine davon nahm Laokoon in ihren schuppigen Griff und die andere packte seine beiden Söhne. Das sahen die Trojaner als Zeichen, dass Laokoon die Götter verärgert hätte, und missachteten seine Warnung. Nur eine schöne junge Frau namens Helena zweifelte noch. Um herauszufinden, ob sich irgendwo Griechen versteckt hätten, kramte sie ihr bestes Griechisch hervor und rief um Hilfe, als sei sie eine von den Trojanern verschleppte Griechin. Sie war so überzeugend,

dass die Griechen fast darauf hereingefallen wären. Antiklos wollte gerade antworten und hätte die Griechen dadurch sicher verraten, wenn Odysseus ihm nicht im letzten Augenblick den Mund zugehalten hätte. Die Trojaner waren nun endgültig überzeugt. Sie schoben das hölzerne Pferd mitsamt den Griechen zum Tempel der Athene und machten sich daran, ihre Siegesfeier vorzubereiten. In der Nacht öffneten die Griechen die geheime Klappe und schlüpften einer nach dem anderen aus dem Rumpf des Pferdes. Sie zogen ihre Waffen und zündeten an den Tempelfeuern ihre Fackeln an. Während die Trojaner schliefen, zogen die Griechen durch die Stadt und zerstörten alles und töteten jeden, der sich ihnen in den Weg stellte. Am nächsten Morgen gehörte Troja den Griechen.

ODYSSEUS UND DER ZYKLOP

Von seinem wohlverdienten Ruhestand war der listige Odysseus aber leider noch sehr weit entfernt. Auf dem Heimweg von Troja erregte er den Zorn Poseidons. Ein heftiger Sturm brachte seine Schiffe vom Kurs ab, sodass sie schließlich an der Küste einer kleinen Insel nahe Sizilien landeten. Odysseus und seine Gefährten gingen an Land, um herauszufinden, ob die Insel bewohnt sei. Im Landesinneren entdeckten sie zu ihrer Überraschung eine Höhle, vor deren Eingang Gefäße mit Wein und frischer Schafsmilch standen. Sie gingen hinein. Die hungrigen und erschöpften Seefahrer konnten ja nicht wissen, dass sie auf der Insel der Zyklopen gelandet waren. Zu allem Überfluss waren sie gerade uneingeladen in die Wohnung Polyphems, eines dieser Zyklopen, eingedrungen. Kaum waren sie eingetreten, verdunkelte sich der Raum. Etwas sehr Großes musste den Eingang versperren. In der Dunkelheit konnten die Männer den Zyklopen zwar nicht genau sehen, dafür aber umso deutlicher riechen. Sein Atem stank fürchterlich nach einer Mischung aus verrottendem Fleisch und Schafsmilch. Zunächst bemerkte Polyphem die kleinen Eindringlinge nicht. Als er seine Schafe in die Höhle getrieben hatte, rollte er mit einem Fingerschnippen den

haushohen Felsbrocken, der ihm als Tür diente, vor den Höhleneingang. Sofort wurde es stockdunkel in der Höhle. Die Männer waren gefangen. Verzweifelt tasteten sie die Felswände auf der Suche nach einer weiteren Öffnung ab, als sie plötzlich zunächst die Schreie eines ihrer Kameraden hörten und dann ein Geräusch, das wie das Splittern von Holz klang. Aber es war kein Holz gewesen! Der Zyklop hatte einfach zwei von Odysseus' Gefährten aufgegessen. Odysseus unterdrückte einen Schrei des Entsetzens. Die Männer wagten kaum, zu atmen, bis der Zyklop endlich eingeschlafen war. Das Schnarchen des Riesen dröhnte lauter als das Meer, wenn es im Sturm an die Klippen schlug. Die Männer bekamen kaum Luft, denn mit jedem Schnarcher verströmte Polyphem den Gestank von tausend toten Fischen in die Höhle.

Bevor der Zyklop am nächsten Morgen die Höhle verließ, schnappte er sich zum Frühstück mit jeder Hand einen weiteren Griechen. Dann trieb er seine Schafe hinaus und verschloss den Höhleneingang hinter sich. Nachdem etwas frische Luft in die Höhle gedrungen war, konnte Odysseus wieder klar denken. Auf keinen Fall wollte er zulassen, dass Polyphem seine Gefährten und ihn zum Abendessen verspeiste. Er schmiedete einen Plan. Im hinteren Teil der Höhle lag der Stamm eines Olivenbaums. Mit vereinten Kräften schnitzten die Männer daraus einen mächtigen Speer und versteckten ihn unter den Bergen von Knochen, Schaffellen und leeren Weinschläuchen, die in der Höhle in der Ecke lagen. Odysseus' Plan war einfach: Sie würden den Zyklopen mit dem Wein, den sie bei sich gehabt hatten, betrunken machen und ihm, wenn er eingeschlafen wäre, das einzelne Auge ausstechen. Bis dahin hieß es warten.

Als Polyphem mit seinen Schafen zurückgekehrt war, rief ihm Odysseus mit bebender Stimme zu: ›Hier, Zyklop. Wir haben dir den besten Wein mitgebracht, den Troja zu bieten hat.‹ Der Zyklop kniff das Auge zusammen, um im Dunkel der Höhle zu erkennen, woher die Stimme kam. Odysseus stemmte ihm eine große Schüssel entgegen, in die seine Gefährten und er allen Wein zusammengeschüttet hatten, den sie als Wegzehrung dabei gehabt hatten. Gierig griff Polyphem mit einer Hand nach dem Wein. Mit der anderen packte er wieder einen von Odysseus' Begleitern wie einen Hühnerschenkel an den Beinen und steckte ihn in den Mund. Dann leerte er die Schüssel Wein in einem einzigen Zug. Noch nie hatte Odysseus jemanden so viel Wein mit einem Schluck trinken sehen. ›Sag mir deinen Namen‹, polterte Polyphem durch die Höhle. ›Ich muss wissen, wer mir diesen köstlichen Wein gebracht hat.‹ Odysseus überlegte kurz und sagte dann: ›Ich heiße Niemand. Diesen Namen haben mir meine Eltern gegeben, und so nennen mich auch meine Freunde.‹ ›Dein Gastgeschenk hat mir gut geschmeckt, Niemand. Als Gegenleistung werde ich alle deine Freunde vor dir verzehren. Dich, Niemand, hebe ich mir bis zuletzt auf.‹

Kaum hatte er den Satz beendet, riss er seinen Mund zu einem gigantischen Gähnen auf, kippte nach vorn um und fiel in einen tiefen, weinseligen Schlaf. Schnell schleppten Odysseus und seine Freunde den riesigen Olivenholzspeer zum Feuer und hielten die Spitze hinein, bis sie glühte. Dann hoben sie den Spieß auf die Schultern und rammten ihn dem Zyklopen mit Anlauf ins Auge. Der erwachte natürlich sofort von dem Schmerz und stieß den lautesten Schrei aus, den Odysseus je gehört hatte. Dann stürzte Polyphem aus der Höhle. ›Zu Hilfe!‹, rief er nach seinen Zyklopenfreunden. ›Niemand hat mich verwundet!‹ Als die anderen Zyklopen das hörten, verstanden sie nicht, was das Geschrei bedeutete. ›Niemand hat dich verwundet?‹, fragte einer, und ein anderer beschwichtigte: ›Wenn niemand dir etwas getan hat, ist doch alles in Ordnung.‹ Sie sahen keinen Grund, ihre Höhlen zu verlassen, um Polyphem zu Hilfe zu kommen.

Nun hatten die Männer die Chance zu entkommen. Aus der Schafherde des Zyklopen fing Odysseus die Böcke mit dem längsten Fell und band je drei von ihnen mit Weidenzweigen zusammen. Dann sagte er seinen Männern, jeder solle sich ganz fest an den Bauch eines der mittleren Schafe in diesen Dreiergruppen klammern. Am nächsten Morgen verließen die

Schafe wie jeden Tag die Höhle, um auf die Weide zu gehen, und mit ihnen Odysseus und seine Männer. Die Schafe trugen sie an ihrem Herrn vorbei in die Freiheit. Polyphem tastete zwar auf ihren wolligen Rücken nach den Menschen, vermutete sie aber nicht unter ihren Bäuchen. In sicherer Entfernung angelangt, ließen sich die Griechen fallen, stürzten zu ihren Schiffen und ruderten, so schnell sie konnten, davon. Aber statt sich einfach über die geglückte Flucht zu freuen, packte Odysseus der Hochmut. ›Du hast nur deine gerechte Strafe erhalten, Polyphem‹, verhöhnte er den geblendeten Riesen noch. ›Wir kamen zu dir, um Hilfe zu erbitten, aber statt uns willkommen zu heißen, hast du deine Gäste verschlungen. Dafür hat Zeus dich gestraft!‹ Natürlich war der Zyklop ganz anderer Meinung. Odysseus und seine Männer waren nicht seine Gäste gewesen. Sie waren, ohne zu fragen, in sein Heim eingedrungen, hatten sich über seine Vorräte hergemacht, ihn im Schlaf angegriffen und vor den anderen Zyklopen

lächerlich gemacht. Aber Odysseus konnte es nicht lassen, noch weiter zu sticheln: ›Wenn dich jemand fragt, wer dich geblendet hat, Zyklop, sag ihm, es war Odysseus, Sohn des Laertes, auf seinem Weg von Troja in seine Heimat Ithaka.‹

Polyphem erschauderte, als er hörte, wer ihn in Wahrheit geblendet hatte. Einst war ihm geweissagt worden, ein Mann dieses Namens werde ihm das Augenlicht rauben. ›Odysseus! Ich hatte immer geglaubt, ein großer, starker Held würde mich blenden. Aber du bist klein und schwach. Um mich besiegen zu können, musstest du mich überlisten und mit schwerem Wein betäuben. Zum Abschied will ich dir noch ein Geschenk machen, Odysseus, mein werter Gast. Poseidon, mein Vater, erhöre meine Bitte: Odysseus soll seine Heimat Ithaka niemals wiedersehen, und falls doch, soll er sein Haus und alles, was er liebt, in Schutt und Asche finden.‹ Mit diesen Worten packte der Zyklop einen großen Felsblock und warf ihn mit solcher Wucht ins Meer, dass die Schiffe der Griechen fast gekentert wären.

Dieses Mal waren Odysseus und seine Freunde davongekommen. Aber Poseidon war fest entschlossen, die Männer für das Leid, das sie seinem Sohn zugefügt hatten, zu bestrafen und ihnen die Heimreise so schwer wie möglich zu machen.

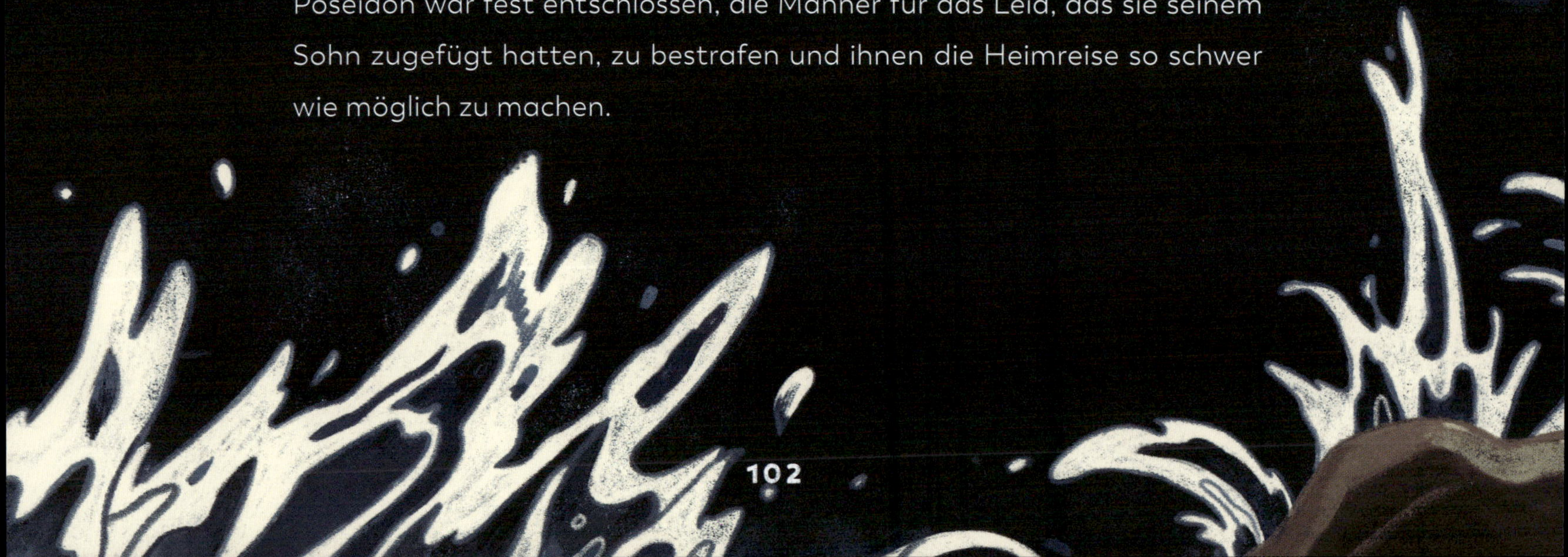

KÖNIG MIDAS

Unterwegs vertrieben sich Odysseus und seine Gefährten die Zeit mit Geschichtenerzählen. Demodokos, einer von Odysseus' Freunden, war eher schüchtern und still. Aber sobald er anfing zu erzählen, verstummten alle sofort, um ihm zuzuhören. Während die anderen ruderten, berichtete er ihnen von König Midas.

›Eigentlich hatte König Midas nie jemandem schaden wollen. Ein einziger unüberlegter Wunsch stellte sein ganzes Leben auf den Kopf. Midas war König von

Phrygien, einem Königreich, das noch weiter östlich von Athen lag als Troja. Als Midas eines Tages in seinem Rosengarten spazieren ging, entdeckte er unter einem der Rosenbüsche einen schlafenden alten Mann. Midas weckte den Alten auf, um zu fragen, wie er in seinen Garten komme. Aber der Mann konnte sich an nichts mehr erinnern, außer, dass er mit Dionysos, dem Gott des Weines, befreundet war. Zu dem brachte ihn König Midas zurück, und Dionysos freute sich so sehr darüber, seinen Freund wohlbehalten wiederzusehen, dass er Midas versprach, ihm einen Wunsch zu erfüllen. Midas hielt nicht viel vom Grübeln. Ohne nachzudenken, stieß er hervor: ›Ich wünsche mir, dass alles, was ich berühre, zu Gold wird.‹ Diesen Wunsch gewährte ihm Dionysos. Midas streckte die Hand aus, um dem großzügigen Gott per Handschlag zu danken, aber statt einzuschlagen, löste sich Dionysos einfach in Luft auf.

Midas konnte kaum erwarten, seine neue Zauberkraft auszuprobieren. Schnell lief er in den Rosengarten und berührte dort eine Blüte nach der anderen. Alle wurden augenblicklich zu Gold. Als er die Tür zum Palast öffnen wollte, verwandelte sich bei seiner Berührung zunächst der Türgriff und dann sogar die ganze Tür in pures Gold. Midas war so aufgeregt über seine Gabe, dass ihm erst nach einer ganzen Weile auffiel, wie hungrig er war. Er ging in die Küche, um etwas zu essen, aber was er auch anfasste, wurde zu Gold. Sogar das Wasser in seinem Becher wurde zu festem, blankem Gold, sobald er es mit den Lippen berührte. So vergingen vier Tage. Inzwischen hatte Midas solchen Hunger, dass er es nicht mehr aushalten konnte. Auf Knien flehte er Dionysos an, sein Geschenk zurückzunehmen. Dionysos hatte Mitleid mit dem armen reichen König. Er erklärte ihm, durch ein Bad im Fluss Paktolos würde die Gabe abgewaschen. Midas machte sich sofort auf den Weg dorthin. Auf den letzten Schritten zum Wasser stolperte er und konnte sich gerade noch mit den Händen abfangen. Bevor seine Gabe mit dem Wasser des Flusses davonfloss, hatte er dem Gewässer auf diese Weise noch große Mengen an Gold beschert. König Midas aber hatte seine Lektion gelernt und lebte fortan als gütiger, weiser und von seinen Untertan sehr geliebter König. Alles, was er vor dem Bad im Fluss berührt hatte, blieb Gold.‹

So endete die Geschichte, die Demodokos seinen Gefährten erzählte. Er konnte nur hoffen, dass auch Odysseus und die anderen mächtigen Männer um ihn herum ihre Lehre daraus gezogen hatte.«

DIE STADT ARGOS

Käuzchen dachte laut darüber nach, ob Odysseus je wieder nach Hause gekommen sei. Steinkauz wusste, dass die kleine Eule sich im Sturm davor fürchtete, selbst nicht mehr heil heimzukommen. Aber nicht viel später hatten sie das Meer hinter sich gelassen, und die Winde beruhigten sich. Nun erzählte Steinkauz, Odysseus und seine Freunde hätten eines Tages tatsächlich wieder nach Hause gefunden. Aber bis dahin hätten sie vieles durchmachen und sehr unter Poseidons Zorn leiden müssen. Käuzchen verstand nicht ganz, weshalb Odysseus so schwer bestraft worden war. »Poseidon hat ihn bestraft, weil er hochmütig war«, erklärte Steinkauz. »Odysseus konnte sich nicht damit zufriedengeben, dem Zyklopen entkommen zu sein. Er musste sich auch noch über ihn lustig machen.« Käuzchen zerbrach sich lang den Kopf über Poseidon. Er hatte zwar ebenso viel Macht wie sein Bruder Zeus, musste aber ganz allein im Meer leben, während seine ganze Familie auf der Erde wohnte. Irgendwie tat ihr der einsame Meeresgott ein bisschen leid.

Nach einer Weile tauchten in der Ferne Gebäude auf. Die Stadt Argos lag inmitten von Weizenfeldern. Der Boden hier war so fruchtbar, dass den Bauern kaum Zeit blieb, sich auszuruhen. Auf dem letzten Stück ihres Ausflugs wollte Steinkauz Käuzchen alle Geschichten erzählen, die er über die Könige von Argos kannte. »Aber bevor ich anfange«, sagte er, »muss ich dir etwas erklären. Früher hätten alle Könige am liebsten nur Söhne bekommen. Damals dachten die Menschen, Männer seien bessere Herrscher als Frauen.« Käuzchen runzelte die Stirn. »Und was ist mit Athene?«, fragte sie erstaunt. »Mit Göttinnen war das etwas anderes«, sagte Steinkauz. »In der Welt der Götter hatte niemals jemand daran gezweifelt, dass Göttinnen und Götter einander in Kraft und Weisheit ebenbürtig waren. Die Menschen brauchten noch sehr lang, um das zu begreifen. Ein Stück weit hat Athene es ihnen beigebracht.«

PERSEUS UND MEDUSA

»König Akrisios von Argos machte es sehr zu schaffen, dass seine Frau und er keinen Sohn hatten. Das war deshalb ein Problem, weil die Könige ihre Reiche immer nur an ihre Söhne vererbten, nicht an Prinzessinnen. Akrisios reiste zum Orakel von Delphi. Eigentlich wollte er erfahren, wie er doch noch einen Sohn bekommen könne. Aber das Orakel beantwortete seine Frage nicht. Stattdessen machte es ihm die unerfreuliche Weissagung: ›Der Sohn deiner Tochter wird dich um deinen Thron und dein Leben bringen.‹ Das hörte Akrisios natürlich nicht gern. Zu seinem Glück hatte seine einzige Tochter Danaë noch gar keine Kinder. Um zu verhindern, dass die Prophezeiung des Orakels in Erfüllung ging, baute er für seine Tochter eine bronzene Kammer in den Hof seines Palastes. Diese Kammer hatte ein offenes Dach, damit Danaë den Sonnenschein genießen konnte, dafür waren die Wände aber dreimal so hoch wie Danaë selbst, sie konnte also nicht entkommen. Akrisios glaubte, wenn seine Tochter allein dort eingesperrt sei, könne sie sich auch nicht verlieben oder gar ein Kind bekommen und er sei gerettet.

Eines Tages saß Danaë in ihrem bronzenen Gefängnis im Hof und webte. Plötzlich bildeten sich direkt über der Kammer Wolken. Der Blitz des Zeus flammte auf, und es begann zu regnen. Aber es war kein gewöhnlicher Regen, der da vom Himmel fiel. Er war golden und legte sich wie eine warme Berührung um Danaës Körper. Neun Monate nach dem seltsamen Ereignis gebar Danaë einen Sohn, den sie Perseus nannte. Als Akrisios erfuhr, dass seine Tochter einen Sohn geboren hatte, dachte er an die Weissagung des Orakels und bekam es mit der Angst. Zuerst dachte er daran, das Kind zu töten, aber als Danaë ihm von dem geheimnisvollen

goldenen Regen erzählte, kam Akrisios von der Idee ab. Stattdessen steckte er Danaë mit ihrem kleinen Sohn in eine große Holzkiste und ließ diese im hohen Bogen ins Meer werfen.

Nachdem sie viele Tage und Nächte von den Wellen herumgeschaukelt worden war, wurde die Kiste schließlich an den Strand einer Insel gespült. Dort herrschte ein König namens Polydektes, was so viel bedeutet wie ›einer, der viele willkommen heißt‹. Ein Fischer namens Diktys entdeckte die Holzkiste, in der Danaë und Perseus saßen. Er nahm die beiden bei sich auf, als seien sie seine eigene Familie.

Perseus wuchs heran und entwickelte sich mit der Zeit selbst zu einem geschickten Fischer. Irgendwann merkte er, dass König Polydektes etwas mehr für seine Mutter empfand als nur Freundschaft. Der König kam nämlich auffällig oft zu Besuch, um mit Danaë zu plaudern. Eines Tages, als Polydektes mit einem Blumenkranz als Geschenk für Danaë vor der Tür stand, stellte Perseus ihn zur Rede. Der König wollte nicht, dass Perseus anderen von seinen Gefühlen für Danaë erzählte, und ersann eine unlösbare Aufgabe für den jungen Mann: Er gab ihm den Auftrag, den Kopf der Gorgone Medusa zu bringen. Dieses schreckliche Wesen war einst eine wunderschöne junge Frau gewesen, in die sich sogar der Meeresgott Poseidon verliebt hatte. Als der feststellte, dass sie seine Gefühle nicht erwiderte, war er tief gekränkt und verwandelte sie in ein Ungeheuer, auf dessen Kopf Schlangen statt Haaren wuchsen. Außerdem belegte er sie mit dem Fluch, jeden, den sie ansah, in Stein zu verwandeln. Perseus hatte keine Ahnung, wie er Medusa besiegen sollte, deshalb betete er zu Athene um Hilfe. Die Göttin erschien in voller Rüstung und riet ihm, die Hesperiden, die Nymphen des Sonnenuntergangs, aufzusuchen. Diese besäßen die Waffen, um Medusa zu töten. Perseus wusste zwar nicht, wo die Hesperiden zu finden waren, er wusste aber, dass die Graien es ihm sagen konnten. Deshalb machte er sich zunächst auf den Weg zu ihnen.

Die Graien waren drei Schwestern, so alt wie die Zeit selbst. Sie teilten sich ein einziges Auge und nur einen Zahn. Beim Sehen und Beißen wechselten sie sich

ab. Perseus wanderte viele Tage, bis er die riesige, stockfinstere Höhle erreichte, in der sie lebten. Als er schließlich blinzelnd im Eingang der Höhle stand und darauf wartete, dass sich seine Augen an die Dunkelheit gewöhnten, reichten weiter drinnen die drei Schwestern das Auge von einer zur nächsten, damit jede einen kurzen Blick auf den Eindringling werfen konnte. Kaum konnte Perseus wieder etwas erkennen, schnappte er sich das Auge genau in dem Moment, als es von Hand zu Hand weitergegeben wurde, und steckte es in die Tasche. Die Graien waren außer sich. ›Was fällt dir ein, Fremder?‹, kreischten sie mit rauen, knarzigen Krähenstimmen. ›Ihr müsst mir sagen, wo ich die Hesperi…‹ Perseus hielt inne. Die alten Frauen schüttelten den Kopf. Sie schienen fest entschlossen zu sein, nichts zu sagen. ›Wenn ihr mir nicht verratet, wo ich die Hesperiden finde‹, drohte Perseus, ›nehme ich euer Auge mit und ihr werdet nie wieder etwas sehen!‹ Die alten Frauen fauchten und knurrten, sprangen dann aber alle

gleichzeitig auf und führten ihn im Gänsemarsch ohne ein einziges Wort aus der dunklen Höhle hinaus.

Perseus folgte den Graien in Richtung Westen, bis die Sonne begann unterzugehen und die Welt in allen leuchtenden Orangetönen des Sonnenuntergangs erstrahlte. Schon von Weitem sahen die sieben Sonnenuntergangsnymphen Perseus kommen. Es schien, als wüssten sie längst, warum er kam. Sie öffneten ihre Schatzkästlein und beschenkten den jungen Mann mit einem Paar geflügelten Sandalen von Hermes, dem Götterboten, einem unzerbrechlichen Diamantschwert von Zeus, einem spiegelnd strahlenden Schild von Athene, einem Helm, der seinen Träger unsichtbar machte, und einem von ihnen selbst gewebten Beutel. Perseus dankte den Hesperiden und passte dann ganz genau auf, als sie ihm den Weg zur Höhle der Medusa beschrieben.

Nach einem mehrtägigen Fußmarsch erblickte Perseus auf seinem Weg auf einmal eine ganze Reihe merkwürdiger Statuen. Einige der Figuren schienen vor Schreck erstarrt zu sein und rissen entsetzt die Augen auf, andere lagen, den Blick über die Schulter zurückgewandt, auf den Knien. Als er plötzlich das laute Zischen von unzähligen Schlangen hörte, wusste er, dass er Medusas Höhle gefunden hatte. Er setzte den Helm auf, der ihn unsichtbar machte, und hielt den glänzenden Schild der Athene so in den Eingang, dass er darin das Spiegelbild der schlafenden Medusa sehen konnte. Schnell wie der Blitz schoss er zu der Gorgone hin und schnitt ihr in einer einzigen raschen Bewegung mit dem Diamantschwert den Kopf vom Rumpf. Dabei hielt er den Blick immer starr auf das Spiegelbild in seinem Schild gerichtet. Die Schlangen auf Medusas abgetrenntem Haupt zischten, wanden sich noch einen Augenblick und erschlafften dann. Perseus steckte den Kopf in den Beutel der Hesperiden und entfloh dann in Windeseile in Hermes' Flügelschuhen.

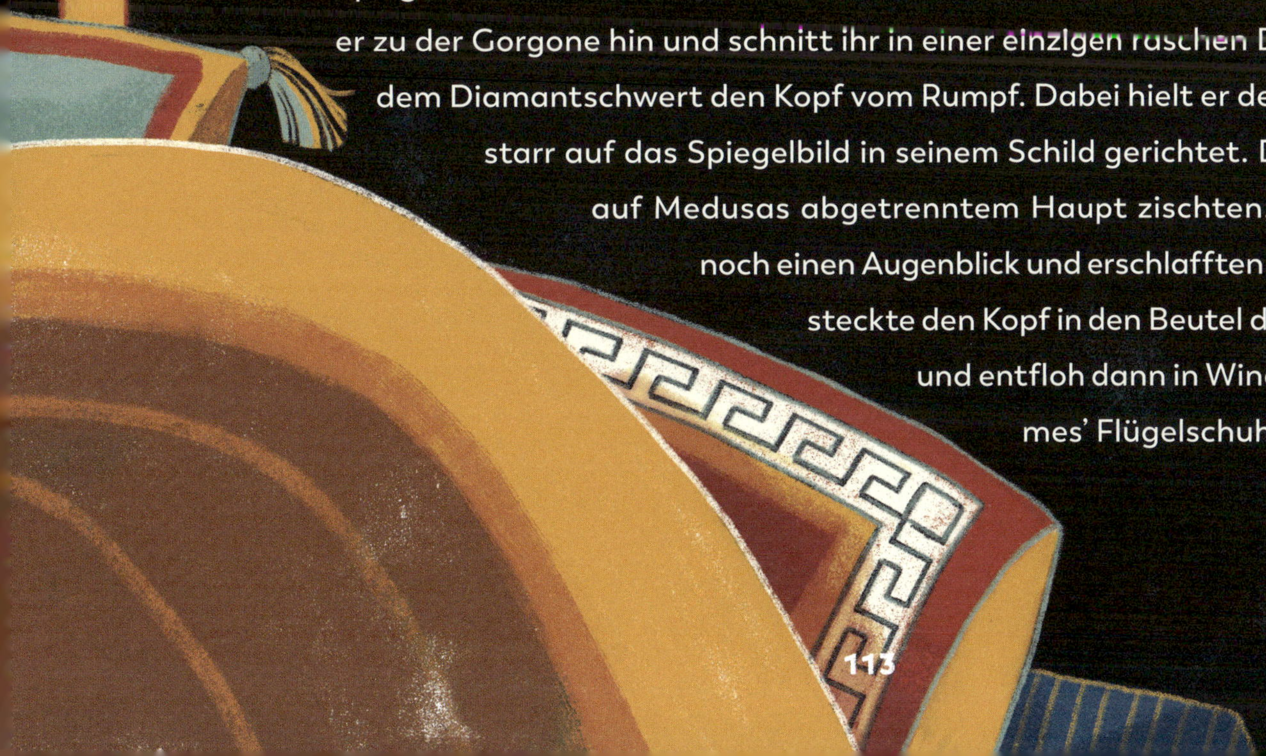

PERSEUS UND ANDROMEDA

Auf seinem Heimweg machte Perseus in dem von König Kepheus und Königin Kassiopeia regierten Königreich Aithiopia Station. Doch als sein Schiff in den Hafen einlief, bot sich ihm ein schreckliches Bild: Nicht weit entfernt war eine junge Frau dicht über dem Wasser an die Felsen gekettet. Erstaunlicherweise zerrte sie nicht an ihren Ketten, um zu entkommen, sondern stand unbeweglich wie eine Statue da und ließ, das Gesicht vom Wasser abgewandt, die Brandung gegen ihre Knöchel rollen. Perseus wollte wissen, was das zu bedeuten hatte, und sprach einen Fischer an,

der am Strand seinen Fang in Körbe packte. ›Wer ist diese Frau? Und wer hat sie dort angekettet und den Launen des Meeres ausgesetzt?‹, fragte er. Es beeindruckte Perseus sehr, mit welcher Tapferkeit und Stärke die junge Frau ihr Schicksal ertrug.

Bevor der Fischer antworten konnte, geriet das Meer plötzlich in Bewegung. Es schwoll stetig an und schlug in so wilden Wogen an den Strand, dass Perseus um das Leben der jungen Frau fürchtete. Ein riesiges, drachenähnliches Wesen erhob sich aus dem Wasser, fletschte die Zähne und streckte seinen Schwanz über den ganzen Hafen aus. Als der Fischer den Schreck verdaut hatte, beantwortete er Perseus' Frage: ›Das ist Andromeda, die Tochter von König Kepheus und Königin Kassiopeia. Ihre Mutter hat damit geprahlt, schöner zu sein als die Meeresnymphen. Deshalb hat Posei…‹ Hier unterbrach der Fischer, denn die Seeschlange hob den Schwanz und ließ ihn mit solcher Wucht wieder ins Wasser platschen, dass es bis an die Felsen spritzte. ›Poseidon‹, fuhr der Fischer nun fort,

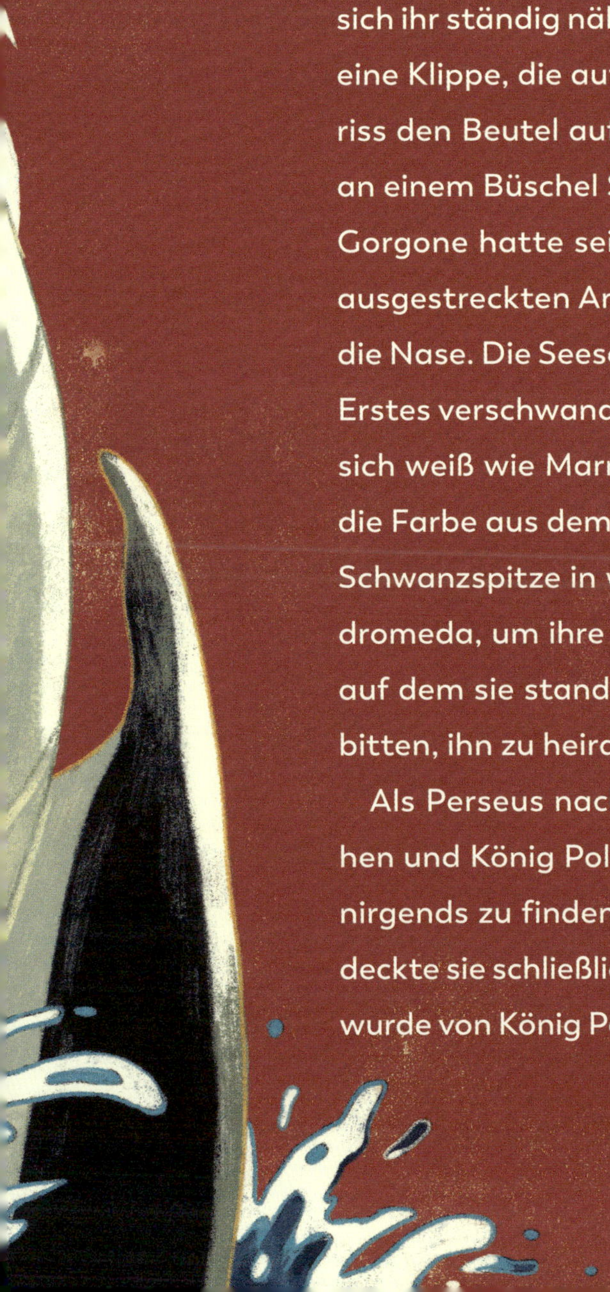

›wurde fürchterlich wütend über Kassiopeias Hochmut. Deshalb …‹ Der Fischer unterbrach wieder, um einem dicken Ballen Seegras auszuweichen, den das Ungeheuer dicht an seinem Ohr vorbeischleuderte. ›Deshalb hat er dieses … Ungeheuer geschickt.‹ Perseus verstand nicht, was das mit Andromeda zu tun hatte, aber der Fischer erzählte weiter: ›Der König ist zum Orakel gegangen, um herauszufinden, was er gegen das Ungeheuer unternehmen könne. Leider war die Antwort des Orakels sehr unerfreulich. Es sagte, Poseidons Wut werde erst besänftigt, wenn das Königspaar dem Ungeheuer seine Tochter geben würde. Wie du siehst, haben sie es getan.‹

Perseus sah hinüber zu der jungen Frau, die immer noch wie erstarrt, aber scheinbar ohne Angst dastand, obwohl der Kopf des Ungeheuers sich ihr ständig näherte. Perseus rannte um das Hafenbecken herum auf eine Klippe, die auf gleicher Höhe mit dem Kopf der Seeschlange lag. Er riss den Beutel auf, den die Hesperiden für ihn gewebt hatten, und zog an einem Büschel Schlangen den Kopf der Medusa heraus. Der Blick der Gorgone hatte seine Zauberkraft über ihren Tod hinaus behalten. Am ausgestreckten Arm hielt er dem Ungeheuer das Haupt der Medusa vor die Nase. Die Seeschlange hob den Kopf und sah Medusa ins Gesicht. Als Erstes verschwand das Leben aus den Augen des Ungetüms. Sie färbten sich weiß wie Marmor. Dann wich Stück für Stück von oben nach unten die Farbe aus dem Körper des Ungeheuers, bis es von der Nasen- bis zur Schwanzspitze in weißem Stein erstarrt war. Schnell lief Perseus zu Andromeda, um ihre Ketten zu lösen und sie noch auf dem Felsvorsprung, auf dem sie standen, unter dem versteinerten Blick des Ungeheuers zu bitten, ihn zu heiraten. Andromeda willigte sofort ein.

Als Perseus nach Hause zurückkehrte, um seine Mutter wiederzusehen und König Polydektes den Kopf der Medusa zu bringen, war Danaë nirgends zu finden. Perseus suchte die ganze Insel nach ihr ab und entdeckte sie schließlich eingesperrt in einem kleinen Tempel. Die Gefangene wurde von König Polydektes selbst und einer Handvoll Soldaten bewacht.

Perseus war jahrelang fort gewesen. König Polydektes war so überrascht, den jungen Mann lebendig wiederzusehen, dass er ihn nur entgeistert anstarrte. Perseus nutzte die Gelegenheit, griff in seinen Beutel und zog das Haupt der Medusa noch einmal hervor. Der König und seine Soldaten sahen den schrecklichen Kopf erstaunt an – und verwandelten sich im selben Augenblick zu Stein. Perseus befreite seine Mutter aus ihrem Gefängnis und überließ ihr und Diktys, seinem Ziehvater, den Danaë schon immer geliebt hatte, die Herrschaft über die Insel.

Nach allen seinen Abenteuern wollte Perseus nun auch endlich mehr über seine Herkunft erfahren. Er sagte seiner Mutter Lebwohl und reiste nach Argos, um die Heimat seiner Vorfahren kennenzulernen. Als Akrisios hörte, dass Perseus auf dem Weg nach Argos sei, floh er nach Norden nach Thessalien. Perseus wusste nichts von der Weissagung, dass er seinen Großvater töten werde. Er war sehr enttäuscht, dass der die Stadt verlassen hatte, und beschloss, ihm zu folgen. In Larisa, der Stadt, in der sein Großvater sich auf-

halten sollte, fand gerade ein sportlicher Wettkampf statt. Kurz entschlossen, meldete sich Perseus zum Wettbewerb im Diskuswurf an. Als er an der Reihe war, nahm er die Steinscheibe auf, ließ die Schulter um den Körper kreisen, um Schwung zu holen, und schleuderte den Diskus dann mit aller Kraft. Es war ein Meisterwurf! Der Diskus flog pfeilgerade das Feld entlang, etwa eine halbe Stadionlänge weiter als die aller Mitstreiter. Er hatte gerade die letzte Weitenmarkierung überflogen, als ein Windstoß ihn von seiner Flugbahn abbrachte. Erschrocken musste Perseus mit ansehen, wie das schwere Steingeschoss auf die Ränge mit den Zuschauern zuflog. Er schrie los, um sie zu warnen, aber es war zu spät. Der Diskus traf einen alten Mann mit solcher Wucht am Kopf, dass dieser auf der Stelle tot umfiel. Es war Akrisios, Perseus' Großvater. Die Weissagung, er werde eines Tages von seinem eigenen Enkel getötet, hatte sich schließlich doch erfüllt.

DIE AUFGABEN DES HERAKLES

Auch der für seine Stärke berühmte Herakles hatte mit einer dunklen und todbringenden Weissagung zu kämpfen. Schon seine Geburt hatte gereicht, um ihm den lebenslangen Hass der Göttin Hera einzubringen. Herakles war nämlich ein Sohn des Zeus, seine Mutter allerdings war nicht Zeus' Ehefrau Hera, sondern eine Menschenfrau namens Alkmene. Auch der Name Herakles, ›zum Ruhm Heras‹, konnte den Zorn der eifersüchtigen Göttin nicht besänftigen. Eines Tages belegte Hera Herakles mit einem Bann, der ihn im Wahn dazu brachte, seine Frau und Kinder zu töten. Als er am nächsten Tag aus dem Bann erwachte und seine schreckliche Tat erkannte, lief er verzweifelt zum Tempel des Apollon, um Rat zu suchen. Apollon sagte, um sein Verbrechen zu sühnen, müsse Herakles zwölf Jahre König Eurystheus von Mykene dienen. Zur Belohnung versprach Apollon, ihn unsterblich zu machen. Herakles wusste zwar nicht, ob er ohne seine Frau und seine Kinder überhaupt ewig leben wollte, hütete sich aber davor, einem Gott zu widersprechen. Er machte sich sofort auf nach Mykene, fiel vor Eurystheus auf die Knie und versprach ihm, alles zu tun, was der von ihm verlangte. Eurystheus war begeistert. Er brauchte nicht lang, um sich eine ganze Liste lebensgefährlicher Aufgaben und Prüfungen für Herakles einfallen zu lassen.

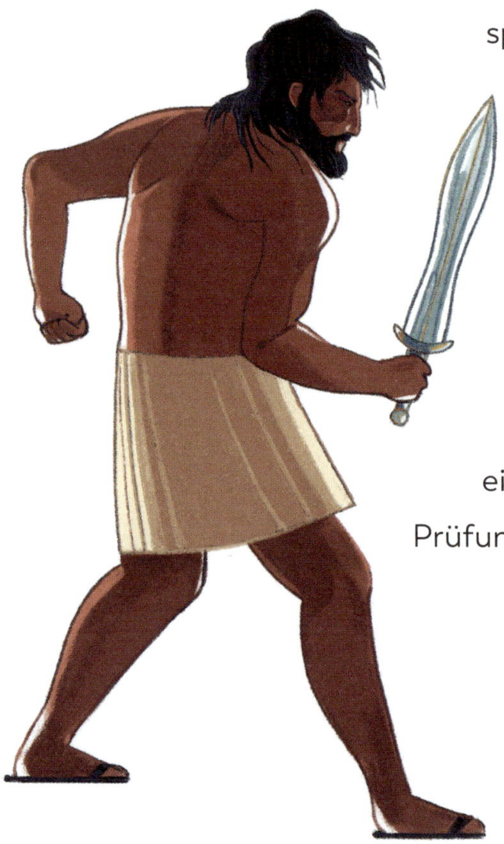

Gleich die erste Aufgabe, die der König Herakles stellte, war eigentlich unlösbar: Herakles sollte den riesigen Nemeischen Löwen töten. Dieser Löwe war nicht nur besonders groß, vermutlich besaß er auch noch eine ganze Reihe von Zauberkräften. Herakles sah alle seine Hoffnung schwinden, als er obendrein hörte, dass das Fell des Löwen undurchdringlich sei und ihn unverwundbar mache. Weder Pfeile noch Schwert konnten etwas dagegen ausrichten. Der einzige Weg, den mächtigen Löwen zu besiegen, war, in die Höhle hineinzugehen und den Löwen mit bloßen Händen zu erwürgen.

Aber das war noch längst nicht alles, was Eurystheus sich für Herakles ausgedacht hatte. Als Nächstes schickte er den Helden nach Lerna. Dort sollte er die Hydra, eine Seeschlange mit neun giftigen Köpfen, besiegen. Die Hydra war noch furchterregender als der Löwe. Immer wenn Herakles ihr einen ihrer neun Köpfe abschlug, wuchsen an derselben Stelle zwei neue nach, sodass er nach kürzester Zeit einem Ungeheuer mit zweiundsiebzig zischenden und Gift verspritzenden Köpfen gegenüberstand. Erst mithilfe seines Freundes Iolaos gelang es ihm, jede Wunde, auf der zuvor ein Kopf gesessen hatte, mit einer Fackel zu veröden, sodass keine neuen Köpfe mehr nachwachsen konnten. Aber genau das sollte bei seiner Rückkehr an den Hof des Eurystheus zum Problem werden. Der König weigerte sich nämlich, die Aufgabe als erfüllt anzuerkennen, weil Herakles sie nicht allein bewältigt hatte.

Bei den nächsten beiden Aufgaben ging es darum, zwei Tiere lebendig einzufangen und zurückzubringen. Das erste war die Kerynitische Hirschkuh, ein herrliches Tier mit goldenem Geweih und goldenen Hufen. Ein ganzes Jahr lang musste Herakles der Hirschkuh hinterherjagen, bis er sie schließlich einholen konnte. Er verwundete sie mit einem Pfeil und trug sie auf den Schultern bis nach Mykene zurück. Das zweite Wesen war der Erymanthische Eber, den er nach tagelanger Verfolgung durch knietiefen Schnee schließlich in einem Netz fangen konnte.

Kaum hatte Eurystheus die beiden Tiere sicher in seinem Königreich in Käfige gesperrt, hatte er auch schon eine neue Aufgabe für Herakles. Nun sollte er die Ställe des Augias ausmisten. Augias besaß Tausende von Rindern – so viele, dass es unmöglich war, die Ställe sauber zu halten. Obwohl Hunderte von Knechten Tag und Nacht mit Ausmisten beschäftigt waren, sahen die Ställe immer so aus, als seien sie noch nie gereinigt worden. Herakles bot Augias an, innerhalb eines Tages Ordnung zu schaffen. Zur Belohnung verlangte er ein Zehntel von dessen Rindern. Augias stimmte zu. Er war sich sicher, das sei auf keinen Fall zu schaffen.

Aber Herakles hatte einen ungewöhnlichen Plan. Er traf eine Vereinbarung mit den beiden Flüssen, die links und rechts an Augias' Ställen vorbeiflossen. Ausnahmsweise sollten diese ihr Bett verlassen und einfach geradewegs durch die Ställe hindurchfließen. Das ließen sich die beiden nicht zweimal sagen und strömten mit solcher Geschwindigkeit durch die Ställe, dass sie allen Mist, alles Stroh, alles Heu und alle Gerste, die die Stallböden verschmutzt hatten, mit sich fortrissen. Aber nach getaner Arbeit verweigerte nicht nur Augias Herakles die versprochene Belohnung, auch Erysthenes erkannte die Aufgabe nicht als erfüllt an. Er bestand darauf, dass ja eigentlich die Flüsse die Ställe ausgemistet hätten, nicht Herakles.

Aber der König hatte noch reichlich andere Aufgaben, um die nicht erfüllten auszugleichen. Er befahl Herakles, die Vögel zu vertreiben, die sich auf der Flucht vor Wölfen an einem See in der Nähe von Stymphalos niedergelassen hatten. Als Herakles das Seeufer erreichte, musste er allerdings feststellen, dass das keine gewöhnlichen Vögel waren. Sie hatten scharfe Schnäbel und gefährliche Krallen aus harter Bronze und waren so viele, dass der See gar nicht mehr zu sehen war. Sie plünderten die Feldfrüchte der ganzen Umgebung, und die Bäume rund um den See bogen sich unter dem Gewicht der abertausend Tiere. Zum Glück stand Athene dem Helden zur Seite. Sie gab ihm eine goldene, von Hephaistos persönlich geschmiedete Ratsche. Als Herakles die drehte, erschallte ein so entsetzlicher Lärm, dass die Vögel die Flucht ergriffen und nie mehr wiederkamen.

Erystheus hatte immer noch nicht genug. Als siebte Aufgabe verlangte er von Herakles, den Kretischen Stier nach Mykene zu bringen. Diesen Stier hatte Poseidon einst König Minos von Kreta als Zeichen für dessen Macht geschenkt und eigentlich erwartet, dass Minos das Tier zu seinen Ehren opfern würde. Der König aber fand, das stolze weiße Tier sei viel zu schön, um geopfert zu werden. Er führte den Stier zu seiner Herde auf die Weide und wählte einen anderen als Opfergabe für Poseidon aus. Dem mächtigen Meeresgott gefiel natürlich gar nicht, sich mit dem Zweitbesten zufriedengeben zu müssen. Zur Strafe brachte er Pasiphaë, die Frau des Königs, dazu, sich Hals über Kopf in den weißen Stier zu verlieben. Nacht für Nacht schlich die Königin fortan hinaus auf die Weide, setzte sich zu dem schönen Tier und streichelte in der Dunkelheit sein herrliches Fell. Eines Tages gebar Pasiphaë ein Kind, ein schreckliches Wesen, halb Mensch, halb Stier, das den Namen Minotaurus bekam. Herakles reiste nach Kreta, fand den weißen Stier, zwang ihn zu Boden, fesselte ihn und brachte ihn kurzerhand nach Mykene.

Eurystheus' nächste Aufgabe für Herakles war, in Thrakien, einem Land, das berühmt für seine Pferdezucht war, die Rosse des Königs Diomedes einzufangen. Diese blutdurstigen Pferde wurden von ihrem Besitzer nur mit Menschenfleisch gefüttert. In Thrakien angekommen, tötete er den grausamen Diomedes und warf den Pferden dessen Leiche zum Fraß vor. Die mampften und kauten, als fräßen sie Gras. Als sie satt und zufrieden waren, konnte Herakles ihnen ohne Mühe Zaumzeug anlegen und sie Eurystheus bringen.

Langsam musste Eurystheus schon darüber nachdenken, welche Arbeit er Herakles als nächste geben konnte. Schließlich beauftragte er ihn damit, ihm den Gürtel der berühmten Königin Hippolyta als Geschenk für seine Tochter zu besorgen.

Hippolyta war die Königin der Amazonen, einem Volk von unerbittlichen Kriegerinnen. Herakles reiste, ohne zu zögern, ins Land der Amazonen, erklärte der Königin, worum es ging, und fragte sie geradeheraus, ob er ihren Gürtel als Geschenk für Eurytheus' Tochter bekommen könne. Hippolyta gefiel Herakles' Ehrlichkeit, und sie willigte ein. Sie wollte den Gürtel gerade abnehmen, da erschien Hera. Die Göttin fand die Aufgabe viel zu einfach. Sie beschloss, Herakles die Sache etwas schwerer zu machen. Sie verwandelte sich in eine Amazone und flüsterte den anderen Kriegerinnen ein, der geheimnisvolle Fremde habe die Königin überlistet, ihm freiwillig ihren Gürtel zu geben. Daraufhin umringten die aufgestachelten Amazonen Hippolyta mit gezogenen Waffen, um ihre Königin zu verteidigen.

Herakles, der Hera nicht erkannt hatte, glaubte nun, Hippolyta habe ihn betrogen. Im Kampf tötete er die Amazonenkönigin und floh mit dem Gürtel.

Inzwischen waren Eurystheus weitere Tiere eingefallen, die Herakles ihm bringen sollte: die roten Stiere des Geryon. Dieser Riese hatte drei Körper, sechs Hände, sechs Füße und ein Paar gewaltige Flügel und lebte auf der Insel Erytheias weit im Westen. Um zu ihm zu gelangen, musste Herakles die Libysche Wüste durchqueren. Auf seinem Weg brannte die Sonne so unerbittlich vom Himmel, dass er vor Erschöpfung schon auf halber Strecke fast zusammengebrochen wäre. Ganz benommen, schoss er einen Pfeil nach der Sonne. Dadurch wurde der Sonnengott Helios auf den ermatteten Helden aufmerksam. Er lieh Herakles seinen Wagen, sodass der den Rest des Weges blitzschnell über den Himmel fahren konnte. Das Erste, das Herakles auf Erytheia begegnete, war ein riesiger, zähnefletschender Hund mit zwei Köpfen. Aber Herakles erschlug nicht nur ihn, sondern auch Eurytion, den Hirten der Rinderherde, kurzerhand mit seiner Keule. Das Gebell des Hundes und die Schreie Eurytions hatten den Riesen Geryon aufgeschreckt. Der setzte drei Helme auf, nahm drei Schilde in drei seiner gigantischen Hände und bewaffnete sich für die Schlacht. Herakles wartete allerdings nicht, bis der heranstürmende Riese mit den drei Körpern sich auf ihn stürzen konnte. Blitzschnell zog er einen der vergifteten Pfeile aus dem Köcher, den er über der Schulter trug, und schoss ihn Geryon mitten in eine Stirn. Der Riese sackte auf seine drei Paar Knie und fiel dann mit allen drei Gesichtern in den Staub. Herakles nahm dem erschlagenen Hirten den Stab aus der Hand und machte sich mit den Rindern auf den Rückweg nach Mykene.

Dass Herakles eine weitere Aufgabe ohne große Mühe bewältigt hatte, machte Hera wütend. Sie schickte eine Pferdebremse, die die roten Rinder so ärgerte, dass sie in alle Winde auseinanderliefen. Herakles brauchte fast ein ganzes Jahr, um sie wieder zusammenzutreiben. Kaum hatte er alle Rinder wieder auf den Weg nach Mykene gebracht, ließ Hera einen Fluss, den die Herde durchqueren musste, so hoch ansteigen, dass die Rinder nicht hinüberkonnten. Herakles musste unzählige Steine in den Fluss werfen, bis

er so seicht war, dass die Tiere hindurchwaten konnten. Stell dir Herakles' Gesicht vor, als Eurystheus ihm, zurück in Mykene, mitteilte, er wolle die Rinder Hera schenken!

Weil er sich weigerte, zwei der bereits erfüllten Aufgaben des Herakles anzuerkennen, gab Eurystheus dem Helden zwei weitere: Er sollte ihm zunächst die goldenen Äpfel aus dem Garten der Hesperiden und dann noch Zerberus, den dreiköpfigen Hund des Hades, bringen. Soweit Herakles wusste, konnte nur der Titan Atlas, der Vater der Hesperiden, die Äpfel aus deren Garten holen. Nachdem die Götter die Titanen besiegt hatten, hatte Zeus Atlas dazu verdammt, für alle Ewigkeit das Himmelsgewölbe auf seinen Schultern zu tragen. Herakles suchte und fand Atlas. Von der ständigen Last taten dem Titanen die Schultern so weh, dass er den Himmel vor Freude fast hätte fallen lassen, als Herakles ihm anbot, ihn für eine Weile abzulösen, wenn Atlas dafür die Äpfel für ihn holte. Als Atlas mit den Äpfeln zurückkam, schlug er Herakles vor, sie Eurystheus selbst zu bringen. ›Das erspart dir die weite Reise‹, sagte er scheinheilig. Herakles merkte sofort, dass Atlas ihn überlisten wollte, aber er fürchtete, den Titanen wütend zu machen, wenn er ablehnte. Deshalb beantwortete er dessen List mit einer eigenen. Er sagte: ›Das ist eine gute Idee, mein lieber Atlas! Ein langbeiniger Riese wie du kann das Meer ja viel schneller überqueren als ich.‹ Atlas freute sich. Er dachte, er hätte Herakles getäuscht. ›Könntest du‹, fuhr Herakles fort, ›den Himmel nur noch einmal kurz halten, damit ich mir den Umhang auf den Schultern glatt streichen kann?‹ Atlas legte die Äpfel ab und hob Herakles die Last von den Schultern. Doch kaum saß das Himmelsgewölbe wieder

auf dem breiten Rücken des Titanen, schnappte sich Herakles die goldenen Äpfel und machte sich davon. Eurystheus staunte nicht schlecht, als er den Helden mit einem Sack voller goldener Äpfel über der Schulter ankommen sah. Herakles hatte auch diese Aufgabe bewältigt!

Danach machte sich Herakles auf den Weg in die Unterwelt. Dort bat er Hades um Erlaubnis, Zerberus nach Mykene mitzunehmen. Der dreiköpfige Hund schlief und schnarchte durch drei schwarze, feuchte Nasen laut vor sich hin. Tatsächlich erlaubte Hades dem Helden, Zerberus ins Reich der Lebenden zu bringen. Schließlich hatte der sich als Wachhund nicht gerade bewährt, wenn man bedachte, dass er nicht einmal aufgewacht war, als Herakles die Unterwelt betreten hatte. Allerdings musste Zerberus den Helden freiwillig begleiten. Herakles schnalzte zweimal kurz mit der Zunge, rief Zerberus beim Namen, und der dreiköpfige Hund erhob sich und trottete hinter Herakles her aus der Unterwelt ins Licht und zum Palast des Eurystheus. Der hatte zwar gefordert, den Höllenhund zu bekommen, fürchtete sich aber eigentlich schrecklich und versteckte sich in einer riesigen Vase vor ihm. Schließlich flehte er Herakles an, Zerberus zurück in die Unterwelt zu bringen. Als Gegenleistung versprach er, ihm keine weiteren Aufgaben mehr zu stellen. Herakles betrachtete den Hund. Aus sechs riesigen traurigen braunen Augen sprach die Sehnsucht nach Hades, seinem Herrn. Also stimmte Herakles zu, ihn zurück nach Hause zu bringen.

Herakles hatte zwölf eigentlich unlösbare Aufgaben erledigt. Eurystheus fand, Herakles habe seine Schuld beglichen, und ließ ihn gehen. Aber Herakles hatte ja keine Familie mehr, zu der er zurückkehren konnte. Außerdem hatte er sich in den Jahren bei Eurystheus so daran gewöhnt, ständig gefährliche Abenteuer zu erleben, dass sie ihm schon nach kurzer Zeit fehlten. Er schloss sich Jason und den Argonauten auf ihrer abenteuerlichen Suche nach dem Goldenen Vlies an.«

DIE UNTERWELT

»Herakles hatte ja ganz schön zu tun!«, staunte Käuzchen. »Und das alles nur, um für ein Verbrechen zu büßen, das er unter Heras Bann begangen hatte? Er konnte doch eigentlich gar nichts dafür!« Steinkauz nickte nachdenklich. »Aber er hat es getan. Und darauf kommt es letztlich an«, sagte er.

Die Eulen hatten Argos gerade erst hinter sich gelassen, als Käuzchen bemerkte, dass sich unter ihnen noch etwas durch die Nacht bewegte. Es war so weiß, dass es selbst in der Dunkelheit strahlte. Es war eine andere Eule. »Entschuldigung?«, rief Steinkauz der weißen Eule zu. Die andere Eule schien ihn nicht zu hören. »Hallo?« Großvater und Enkelin hatten noch nie eine so große Eule gesehen. Sie segelten auf gleicher Höhe neben ihr her, bis der andere Vogel ihnen schließlich das Gesicht zuwandte. Schneeeule – das war ihr Name – schluckte, prustete und spuckte plötzlich etwas aus, das ganz in dunkelrotes Fruchtfleisch gehüllt war. »Was ist das?«, flüsterte Käuzchen. »Das ist ein Granatapfelkern«, erklärte Steinkauz. Neugierig folgten sie Schneeeule, die ungebremst der Erde entgegenflog und unten im Gebüsch verschwand. Steinkauz und Käuzchen trauten ihren Augen nicht. Sie flatterten mit den Flügeln, um abzubremsen, entdeckten dann aber, dass Schneeeule gar nicht gelandet war.

Unter dem Gestrüpp tat sich ein breiter Spalt im Boden auf. Wie von einer unsichtbaren Macht angezogen, rutschten die Eulen hindurch. Käuzchen schloss die Augen und klammerte sich mit dem Schnabel an die Schwanzfedern ihres Großvaters. In endlosen Windungen und Kurven schlitterten sie immer tiefer in eine Dunkelheit, die schwärzer war als alles, was sie je gesehen hatten. Schließlich purzelten sie in eine schwach erleuchtete Höhle. Schneeeule landete auf etwas, das aussah wie ein kleines Holzboot. Der Boden dieser seltsamen Höhle war fast lückenlos von Fröschen jeder Größe und Form bedeckt. Käuzchens Augen weiteten sich, bis sie so groß wie Teller waren. Mit einem ihrer weißen Flügel winkte Schneeeule die beiden zu sich heran. Ein Blick zurück zeigte, dass sich der Tunnel, durch den sie gekommen waren, wieder geschlossen hatte. Was blieb ihnen also übrig? Ängstlich ließen auch sie sich auf dem Bootsrand nieder. Auf einmal bemerkten sie eine Gestalt am anderen Ende des Kahns. Sie sah fast wie ein Mensch aus, aber in den Augen flackerten blaue Flämmchen. In den Händen hielt sie einen langen Stab, der fast mit den knochigen Fingern verwachsen zu sein schien. Schneeeule ließ der Gestalt eine einzelne goldene Münze in den Schoß fallen. Diese erhob sich und stieß das Boot mit dem Stab vom Ufer ab. Da erkannte Steinkauz die Gestalt, und ein fürchterlicher Schreck fuhr ihm durch die

Glieder. Das war Charon, der Fährmann, der die Seelen in die Unterwelt brachte! Begleitet vom heiseren Gesang der vielen Frösche, entfernte sich das Boot immer weiter vom Ufer und glitt den dunklen Fluss entlang.

Die Eulen saßen wie versteinert, während Charon seinen langen Stab immer wieder ins Wasser senkte und das Boot damit voranschob. Er lenkte den Kahn an einer Wiese vorbei, auf der glückliche Seelen Obst verspeisend in der Sonne lagen und sich über Kunst und Poesie unterhielten. Sie passierten aber auch Käfige mit eisernen Gitterstäben, in denen bleiche graue Seelen hockten. Sobald sie sich diesen näherten, hielt Steinkauz Käuzchen mit den Flügeln die Augen zu. Schließlich legte das Boot sanft am Ufer an, und Steinkauz fand seine Sprache wieder.

»Wir ... wir müssen jetzt aber wirklich wieder nach Hause«, flüsterte er Schneeeule zu. »Nach Hause?« Schneeeule musste ein bisschen lachen. »Ihr seid zu Hause! Und alle Lebewesen kommen eines Tages hierher nach Hause zurück.« Steinkauz schluckte hörbar. Er warf einen Blick auf Käuzchen, die sich aufgeplustert hatte, um zu verbergen, wie sehr sie zitterte. »Nach Hause nach Athen«, sagte Steinkauz entschlossen. Schneeeule lächelte nur. Dann spuckte sie einen weiteren Granatapfelkern aus und erzählte den beiden ihre Lieblingsgeschichte.

DEMETER UND PERSEPHONE

»Eine von Zeus' Töchtern hieß Persephone. Ihre Mutter war Demeter, die Göttin der Fruchtbarkeit der Erde und der Jahreszeiten. Eines Tages streifte Persephone durch die Natur, um Blumen zu pflücken. Eine nach der anderen fasste sie am Stängel und zupfte sie ab. Als sie fast genug hatte und nach einer letzten Blume griff, wollte diese nicht loslassen. Persephone zog und zerrte, aber obwohl die Blume etwas nachzugeben schien, riss sie doch nicht ab. Ein letztes Mal zog Persephone mit ganzer Kraft, da löste sich die Blume, aber nur mitsamt ihren Wurzeln und einem großen Brocken Erde. Persephone kniete nieder, um sich die widerspenstige Pflanze genauer anzusehen. Sie schien eigentlich nichts Besonderes zu sein. Aber schon während Persephone die Blume in der Hand hielt, welkte diese dahin: Die Blütenblätter färbten sich braun und verschrumpelten, der Stängel verlor jede Kraft und ließ die Blüte zu Boden sinken. Plötzlich spürte Persephone einen eisigen Griff an ihren Handgelenken, und im nächsten Augenblick wurde sie durch das Loch, aus dem sie die Pflanze herausgerissen hatte, in die Unterwelt gezogen.

Als Persephone an diesem Abend nicht nach Hause kam, war ihre Mutter außer sich vor Sorge. Sie suchte die ganze Welt nach ihr ab, aber vergebens. Da begann sie so heftig zu weinen, dass überall das Wasser knapp wurde. Die Pflanzen hörten auf zu wachsen, und die Bäume trugen keine Früchte mehr. Die Felder der Bauern blieben leer, sodass die Menschen bitteren Hunger litten. Als die Sonne sah, welches Leid Demeters Trauer den Menschen brachte, griff sie ein. Sie hatte alles beobachtet und erzählte der Göttin, was ihrer Tochter zugestoßen war. Demeter dämmerte, dass dies kein Schicksalsschlag gewesen war, sondern eine Entführung. Hades, der Gott der Unterwelt, hatte ihr Kind in sein finsteres Reich verschleppt.

Sofort machte sich Demeter auf den Weg zum Olymp, um Zeus um Hilfe zu bitten. ›Hades hat unsere Tochter entführt! Was wirst du unternehmen, um sie zu retten?‹ Zeus war hin- und hergerissen. Immerhin war Hades sein Bruder und ihm ebenbürtig, nur dass Zeus über das Reich der Lebenden herrschte, Hades über das der Toten. Aber auch Zeus hatte das Weinen und Klagen der hungrigen Menschen unten auf der Erde wahrgenommen und bot schließlich halbherzig eine Lösung an. ›Du kannst unsere Tochter zurückholen‹, erklärte er Demeter, ›aber nur, wenn sie in der Unterwelt noch keinen einzigen Bissen Nahrung zu sich genommen hat.‹ Demeter

zuckte zusammen. Sie musste Persephone schleunigst finden, bevor die Hunger bekam.

Sobald Demeter die Unterwelt betreten hatte, spürte sie die Gegenwart ihrer Tochter: Inmitten von Tod und Trübsal waren hier und da Inselchen von frischem Grün zu sehen. Demeter lächelte, denn sie erkannte, dass ihre Tochter die Fähigkeit geerbt hatte, auch an den unfreundlichsten Orten etwas wachsen zu lassen. Dann entdeckte sie das Mädchen. Mit Tränen der Freude in den Augen erzählte Persephone ihrer Mutter, was geschehen war. Aber Demeter wollte im Grunde nur eines wissen. ›Bitte sag mir, dass du noch nichts gegessen hast, seit du hier unten bist!‹, flehte sie. Persephone schwor, nichts gegessen zu haben. Aber Demeter wusste, dass sie log. ›Aber es waren nur sieben Granatapfelkerne‹, gestand das Mädchen schließlich. ›Wie hätte ich wissen sollen, dass etwas so Kleines so viel Unheil anrichten kann?‹ Demeter war am Boden zerstört. Sie nahm Persephone an der Hand und ging mit ihr bis ins Herz

der Unterwelt zum Palast des Hades. Dort flehte sie den Herrscher an, er möge ihre Tochter gehen lassen. Sie erinnerte ihn daran, dass Persephone Zeus' Tochter und damit seine Nichte sei, und bettelte, er möge für sein eigen Fleisch und Blut doch eine Ausnahme machen. Aber Hades hatte Gefallen an dem Hauch von Leben gefunden, den Persephone in das Reich der Toten gebracht hatte.

Da keine der beiden Gottheiten nachgeben wollte, beide sich aber davor fürchteten, Zeus wütend zu machen, handelten Demeter und Hades eine Lösung aus, die beide halbwegs zufriedenstellte: Persephone sollte jeweils ein halbes Jahr im Reich der Lebenden bei ihrer Mutter und ein halbes in der Unterwelt bei Hades leben. Demeter musste sich an diese Vereinbarung halten, aber die ganze Welt spürte ihre Auswirkungen. In den sechs Monaten, die Persephone bei ihrer Mutter im Reich der Lebenden verbrachte, war die Welt hell und warm, alles wuchs und gedieh, und Bienen summten um unzählige Blüten herum, die sich gen Himmel reckten. Wenn die Zeit kam, in der Persephone in die Unterwelt zurückzukehren musste, ließ die Traurigkeit ihrer Mutter die Blumen welken und sterben, und die Erde verschwand unter einer Decke von Dunkelheit und Kälte. Und so wechseln die Jahreszeiten bis heute.

ALKESTIS

Zwar durfte Persephone nicht auf Dauer ins Reich der Lebenden zurückkehren, aber sie konnte einer anderen Frau dazu verhelfen.

Alkestis liebte ihren Ehemann Admetos über alles, und beide hätten nicht ertragen, ohne die oder den anderen zu leben. Admetos hatte geschworen, Artemis, die Göttin der Jagd und der wilden Tiere, am Abend ihrer Hochzeit durch ein besonderes Gebet zu ehren. Aber über die vielen aufregenden Ereignisse des Tages vergaß Admetos das Gebet. Das ärgerte Artemis, und sie bestrafte ihn, indem sie einen ganzen Haufen sich windender Giftschlangen in seinem und Alkestis' Ehebett versteckte. Als Alkestis an diesem Abend die Decken zurückschlug und die Schlangen entdeckte, geriet sie nicht etwa in Panik, sondern rief Apollon zu Hilfe. Apollon war das Benehmen seiner Schwester Artemis sehr peinlich, denn Admetos und er waren alte Freunde. Um die Geschichte aus der Welt zu schaffen, machte Apollon Admetos ein Angebot: Wenn es eines Tages Zeit für Admetos sei zu sterben, könne er weiterleben, wenn eine andere Person freiwillig an seiner Stelle in den Tod ginge. Admetos war dankbar für dieses Geschenk, aber als das Schicksal fand, Admetos' Zeit sei gekommen, war natürlich keiner seiner Gefährten dazu bereit, sein Leben gegen das des anderen einzutauschen. Admetos dachte schon, Apollons Geschenk sei vielleicht doch nicht so großartig, wie er gedacht hatte, als im allerletzten Augenblick Alkestis hereinkam und anbot, ihr Leben für das ihres Ehemanns zu geben. Kaum hatte sie das ausgesprochen, fiel sie tot um.

Während Admetos weiterleben durfte, machte sich Alkestis' Seele auf den Weg in die Unterwelt. Dort begegnete sie Persephone, die sich ihre Geschichte staunend anhörte. Die unfreiwillige Gattin des Hades verstand einfach nicht, wie jemand sein eigenes Leben für das eines anderen opfern konnte.

Es missfiel ihr, dass Alkestis früher, als ihr vorbestimmt war, in die Unterwelt kam, und sie beschloss, die andere ins Reich der Lebenden zurückzubringen. Nachdem Hades ihr versprochen hatte, nicht Admetos an ihrer Stelle zu sich zu holen, stimmte Alkestis freudig zu. Persephone führte Alkestis durch einen Tunnel wieder hinauf auf die Erde und setzte sie in Charons Boot. Während Persephone noch drei Monate warten musste, bis sie den Grenzfluss wieder überqueren könnte, kehrte Alkestis schon kurz darauf wohlbehalten ins Reich der Lebenden zurück und hatte noch viele glückliche Jahre mit dem Mann, den sie mehr liebte als ihr Leben. Ihr Opfer hatte sich ausgezahlt.«

DAS REICH DER LEBENDEN

Käuzchen atmete auf. Schneeeules Geschichte ließ sie hoffen, dass ihr Großvater und sie die Unterwelt vielleicht doch wieder verlassen könnten. Die beiden Eulen aus Athen schwangen sich in die Luft und flogen weiter durch die sonderbar friedliche, warme Dunkelheit. Die Seelen, denen sie begegneten, schienen sie gar nicht zu bemerken. Sie gingen weiter ihren Verrichtungen nach, als seien sie gar nicht gestorben. Plötzlich blitzte in der Ferne etwas auf, als würde eine unsichtbare Lichtquelle von einer glatten Oberfläche zurückgeworfen. Das wollte sich Steinkauz genauer ansehen. Vielleicht offenbarte das Licht einen Weg zurück ins Reich der Lebenden. Er bat Käuzchen, dicht hinter ihm zu bleiben. Zu ihrer Überraschung war es eine goldene Eule, in der sich der Lichtschein spiegelte. Sie saß in einer Ecke auf einem Sockel. Steinkauz flog noch näher heran und traute seinen Augen kaum. Er kannte diese Eule, auch wenn sie früher nicht aus Gold gewesen war. Es war Weise Eule. Steinkauz winkte Käuzchen heran. »Was ist denn?«, fragte die Kleine ein wenig ängstlich. »Käuzchen«, sagte Steinkauz in feierlicherem Ton, als Käuzchen ihn je bei ihrem Großvater gehört hatte, »ich möchte dir jemanden vorstellen.« Er holte tief Luft. »Das ist Weise Eule – deine Großmutter.« Der Klang von Steinkauz' Stimme schien irgendetwas im Inneren der goldenen Statue in Schwingung zu versetzen. Obwohl die goldene Eule keine Regung zeigte, spürte Käuzchen, dass sie etwas mitteilen wollte. »Meine Großmutter?«, fragte Käuzchen ungläubig. »Aber wie … Was ist denn bloß passiert?«

Eine der goldenen Federn zuckte. »Hat König Midas dich berührt?«, fragte Steinkauz so leise, als hätte er Mühe, überhaupt ein Wort herauszubringen. »Es war ein besonders harter Winter, als ich dich zuletzt sah. In Athen gab es kaum noch Mäuse. Also hast du dich auf den Weg nach Phrygien gemacht«, erinnerte er sich. »Deshalb bist du nie zurückgekehrt!« Von der Statue ging ein Geräusch aus, als schlüge Metall ganz zart auf Metall, und Käuzchen glaubte zu sehen, dass Weise Eule kaum merklich nickte. Ihr Großvater schmiegte den Kopf an den goldenen Flügel ihrer Großmutter. Eine halbe Ewigkeit hatte er auf sie gewartet und sich gefragt, warum sie nicht zurückkam. Endlich wusste er es: Seine Frau war von König Midas' tödlicher Berührung in Gold verwandelt worden!

Steinkauz wäre gern bei seiner lang vermissten Gefährtin in der Unterwelt geblieben, aber er wusste, dass Käuzchen noch ein langes Leben vor sich hatte. Sosehr es ihn auch schmerzte, Weise Eule zurückzulassen, mussten sie doch nach Athen zurückkehren. Mit großer Anstrengung hob Weise Eule einen ihrer starren, metallischen Flügel und wies auf ein schwaches Licht in der Ferne. Dort schien Licht ins Dunkel zu dringen – ein Ausgang! Steinkauz sah Weise Eule noch einmal an. Dann drehte er sich um und schubste Käuzchen sanft mit dem Flügel in die Luft. Schwermütig überquerten die beiden Eulen den Fluss und folgten dem langen Weg durch die gewundenen Tunnel nach oben und hinaus ins Reich der Lebenden, den ihnen das fahle Licht des Mondes wies. Steinkauz widerstand dem Wunsch, sich noch einmal nach Weiser Eule umzusehen.

Nach einem langen Flug tauchten am Horizont die Feuer Athens auf. Es fühlte sich an, als seien sie eine Ewigkeit fort gewesen. Endlich landete Steinkauz auf dem Giebel des Parthenon, und Käuzchen ließ sich neben ihm nieder. Sie saßen lang schweigend nebeneinander. Schließlich sagte Steinkauz: »Hast du dich schon jemals gefragt, wie wir Eulen überhaupt nach Athen gekommen sind?«, fragte er. »Eigentlich nicht«, sagte Käuzchen. »Es kommt mir vor, als wären wir schon immer hier.« Käuzchen gähnte und sperrte dabei den Schnabel so weit auf, als wolle sie die Sonne

verschlucken, die gerade hinter den Bäumen des Areopags aufging. »Als deine Großmutter und ich herkamen, sah es hier noch völlig anders aus«, sagte Steinkauz. »Dort, wo heute die Akropolis ist, stand damals nur ein einziger Olivenbaum. Der sah zwar nicht besonders stark aus, aber die Göttin Athene hatte ihn gepflanzt. Deshalb konnte er mühelos einen ganzen Eulenschwarm tragen. Dort fühlten wir uns zum ersten Mal wieder richtig zu Hause, seit wir lang zuvor die Kiefernwälder des Pilion verlassen hatten. Wir hatten von Anfang an das Gefühl, hierher zu gehören, obwohl Athen damals nur aus einem einzelnen Olivenbaum bestand. Seither sind wir Athene und ihrer Stadt treu geblieben.«

Es war schon nach Sonnenaufgang, und Steinkauz sah, wie erschöpft Käuzchen war. Aber bevor sie sich zurechtsetzten, um den Tag zu verschlafen, wollte er ihr noch eine letzte Geschichte erzählen: wie Athen schließlich zu der Stadt geworden war, die Käuzchen kannte.

KEKROPIA

»Lang bevor Athen, wie wir es kennen, erbaut wurde, herrschte König Kekrops über die Gegend, die nach ihm Kekropia genannt wurde. Kekrops war halb Mensch, halb Schlange. Er verwandelte sein kleines Stück Land in Morast, indem er den Boden mit schweren Ochsen pflügte. Das passte den Göttern gar nicht. Sie wollten auf Kekrops' Land eine Stadt bauen, die einem von ihnen geweiht sein sollte. Aber sie konnten sich nicht recht entscheiden, wem von ihnen. Wie so oft gerieten die Götter und Göttinnen in Streit, aus dem Athene und Poseidon als Sieger hervorgingen. Als die beiden die Sache mit Gewalt untereinander austragen wollten, hielt Zeus sie zurück. Er fürchtete, die Menschen könnten unter dem göttlichen Kampf leiden, und er schlug vor, durch einen Wettbewerb zu einer Entscheidung zu kommen. Statt eines Krieges sollte eine Gabe bestimmen, wer Schutzpatron und Namensgeber der neuen Stadt werden solle. König Kekrops sollte Schiedsrichter sein, wessen Gabe die bessere wäre.

Alle Göttinnen und Götter strömten auf dem Olymp zusammen, um Zeugen des Wettkampfs zu sein. Als Erster war Poseidon an der Reihe. Er hob seinen Dreizack und stieß ihn tief in die Erde.

Sofort sprudelte an dieser Stelle eine Quelle aus dem Felsen. Kekrops war begeistert. Frisches Wasser zum Trinken, Waschen und zur Bewässerung der Felder würde den Bewohnern der neuen Stadt (die vielleicht ›Poseidonia‹ heißen konnte) stets nützlich sein. Aber als Kekrops sich zu der Quelle hinunterbückte, um einen Schluck daraus zu trinken, musste er feststellen, dass das Wasser salzig war wie das Meer. Es war zu nichts zu gebrauchen. Nun sollte Athene ihre Gabe präsentieren. Sie zog etwas aus der Tasche ihres Gewands, das wie ein Olivenkern aussah, und steckte es in den Boden. Göttinnen und Götter warteten gespannt, bis plötzlich ein Pflänzchen aus dem Boden spross. Es wuchs heran zu einem stolzen Olivenbaum mit schönen, feinen dunkelgrünen Blättern und einem starken, festen Stamm. Diese Gabe war ohne Zweifel viel nützlicher als Poseidons Salzwasserquelle, fand Kekrops. Sie würde den Bewohnern der Stadt Oliven und Öl zur Nahrung und Holz für ihre Feuer liefern. So erklärte König Kekrops Athene zur Siegerin. Nach der großzügigen Göttin sollte die neue Stadt den Namen ›Athen‹ erhalten. Und so heißt sie bis heute.

DIE ERINNYEN

Die Bürger Athens hielten das Gesetz lange Zeit in den eigenen Händen. Gerichte gab es keine. Hatte ein Athener einem anderen Schaden zugefügt, konnte der Geschädigte den anderen bestrafen, wie er es für richtig hielt. Aber die Athener sollten feststellen, dass Richtig und Falsch im Auge des Betrachters liegen. So konnte es also nicht weitergehen. Eines Tages geschah etwas so Schlimmes, dass Athene selbst einschreiten musste.

Königin Klytemnestra hatte ihren Ehemann, König Agamemnon getötet. Sie hatte ihn dafür bestraft, dass er die gemeinsame Tochter Iphigenie umgebracht hatte. Hätte Agamemnon Gelegenheit gehabt, sich zu verteidigen, hätte er die Geschichte ganz anders erzählt. Er hatte Iphigenie den Göttern geopfert, um sich und seine Mannschaft sicher nach Hause zu bringen. Er hätte behauptet, er habe keine Wahl gehabt. Als Orest, der Sohn Agamemnons und Klytemnestras, nach Hause zurückkehrte, war er fest entschlossen, den Tod seines Vaters zu rächen, indem er seine Mutter tötete. Kaum war die tot vor ihm zu Boden gesunken, lief es Orest eiskalt den Rücken herunter: Durch seine Tat hatte er die Erinnyen, die Rachegöttinnen, aus der Unterwelt heraufgelockt. In Athen war Rache nämlich nicht nur eine menschliche Sitte. Auch die Götter waren ein rachsüchtiges Volk. Die Erinnyen hielten für gerecht, nun ihrerseits Orest zu töten. Schließlich hatte der seine Mutter ermordet!

Nun hatte Athene langsam genug von der ganzen Töterei. Das war nicht mehr die Stadt, von der sie geträumt hatte. Sie musste einen Weg finden, Richtig und Falsch klar und für alle gültig festzulegen. Deshalb bestimmte sie, immer, wenn künftig ein Verbrechen begangen würde, sollten sich zwölf Bürger Athens beide Seiten der Geschichte anhören. Diese zwölf würden dann abstimmen, um über Schuld und Unschuld zu entscheiden. In dieser neuen Ordnung hatte Athene auch eine Aufgabe für die Erinnyen: Wenn sie, statt Rache zu üben, den Menschen künftig Freundlichkeit und Güte entgegenbrächten, sollten sie neben ihr als Schutzgöttinnen Athens verehrt werden. Sie verlieh ihnen einen neuen Namen – Eumeniden, ›die Wohlmeinenden‹ – und wartete gespannt, ob sich diese neue Art der ›Gerechtigkeit‹ bewähren würde.

MINOTAURUS

Auf diese Weise konnte Athene zwar die Athener davon abhalten, sich ständig aneinander zu rächen, sie konnte aber nicht verhindern, dass andere sich an den Athenern rächten. Damals hatte jede Stadt eine besondere Last zu tragen. Athens Plage hieß Minotaurus. Androgeos, der Sohn von König Minos und Königin Pasiphaë, war aus Kreta angereist, um in Athen an einem sportlichen Wettbewerb teilzunehmen. Aus jedem Wettkampf ging er als Sieger hervor, bis ihn das Glück verließ und ein missgünstiger Gegner ihn erschlug. Androgeos' Vater Minos war außer sich vor Zorn. Er zog mit seinen besten Kriegern nach Athen und besiegte die Athener in einer blutigen Schlacht. Leider war das König Minos noch nicht genug als Rache für seinen Sohn.

Jahre zuvor hatte sich Minos' Ehefrau in einen schönen weißen Stier verliebt – woran die Götter ja nicht ganz unschuldig waren – und schließlich ein Baby bekommen, das halb Mensch, halb Stier war: Minotaurus. Das Kind wuchs immer mehr zu einem Ungeheuer heran und entwickelte schließlich sogar eine Vorliebe für Menschenfleisch. König Minos bat Dädalos, den begabtesten Erfinder des Reiches, außerhalb des Palastes eine Art Käfig für Minotaurus zu bauen, aus dem die Bestie nicht entkommen könne. Dädalos baute ein Labyrinth, das so verwinkelt war, dass niemand, der hineingegangen war, je wieder herausfand – selbst sein Erbauer nicht. Nun war Minotaurus zwar gefangen, musste aber immer noch gefüttert werden. Deshalb forderte Minos von den Athenern, sie müssten alle neun Jahre je sieben junge Männer und Frauen nach Knossos schicken. Diese würden dann gleichsam auf Vorrat in der Stadt gefangen gehalten und nach und nach an Minotaurus verfüttert.

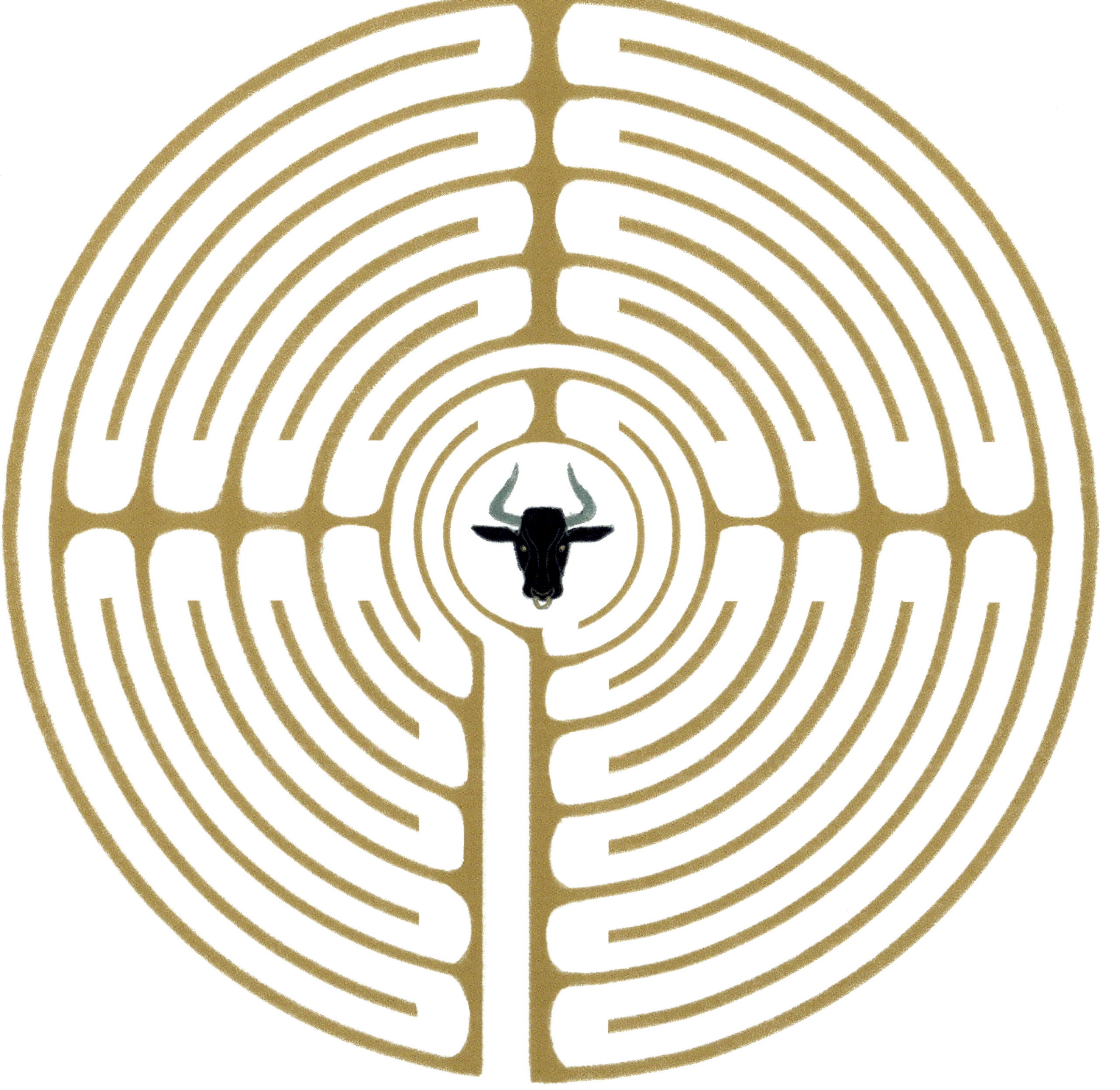

Das ging nun schon seit siebenundzwanzig Jahren so. Als es Zeit wurde, wieder eine Gruppe junger Menschen auszuwählen, meldete sich ein junger Mann namens Theseus freiwillig. Er war wild entschlossen, Minotaurus zu töten und die jungen Athener künftig vor einem schrecklichen Ende auf Kreta zu bewahren. Er versprach seinem Vater, wenn das Schiff bei seiner Rückkehr nach Athen ein weißes Segel am Mast hätte, sei sein Plan gelungen, wenn nicht, wehe dort weiterhin das schwarze, mit dem es als Zeichen der Trauer abgefahren sei. Bei ihrer Ankunft auf Kreta wurden den jungen Athenern Waffen und Rüstungen weggenommen. Nur Theseus gelang es, in den Falten seines Gewands ein kurzes Schwert zu verbergen. Außerdem erhielt er Unterstützung von unerwarteter Seite: Ariadne, die Tochter des Königs Minos, schenkte ihm ein Knäuel Garn von ihren Webarbeiten, um damit den Rückweg aus dem Labyrinth zu kennzeichnen. Zur Belohnung versprach Theseus ihr, sie mit sich zurück nach Athen zu nehmen, falls er überleben würde.

Theseus knotete ein Ende des Fadens an den Türpfosten am Eingang des Labyrinths und rollte das Knäuel beim Gehen langsam hinter sich ab, sodass er seine Schritte auch in der Dunkelheit zurückverfolgen konnte. Immer dem Schnarchen des schrecklichen Ungeheuers nach, das die Wände zum Erbeben brachte, drang er tiefer und tiefer in das Labyrinth vor. Vor jeder Biegung und jeder Kehre hielt Theseus den Atem an. Schließlich konnte die Bestie hinter jeder Ecke lauern.

Dann fand er Minotaurus. Er lag schlafend im Zentrum des Labyrinths. Die Luft war erfüllt von dem Gestank verrotteten Fleisches, und die Schädel und Knochen junger Athener bedeckten den Boden. Theseus versuchte, sich dem Ungeheuer lautlos auf Zehenspitzen zu nähern, aber als er das Schwert aus seinem Gewand zog, erwachte Minotaurus. Mit mächtigem Gebrüll wirbelte er blitzschnell herum, um Theseus mit seinen scharfen Zähnen zu fassen, aber der war schneller. Er packte den Stier bei einem seiner mächtigen Hörner und schnitt ihm mit einem Streich den Kopf ab. Dann ertastete er im Dunkeln den Faden und folgte ihm zurück zum Eingang. Er befreite die verbliebenen jungen Athener, und alle eilten zum Hafen, um die Insel so schnell wie möglich zu verlassen. Als Theseus den Weg nach Knossos einschlug, um Ariadne zu holen, erschien ihm Athene und ermahnte ihn, ohne Aufschub abzureisen und nicht mehr zurückzublicken. Theseus war traurig, sein Versprechen Ariadne gegenüber brechen zu müssen, und seine Augen füllten sich mit Tränen, aber er wusste, dass man sich dem Befehl einer Göttin nicht widersetzen durfte.

Er ging an Bord des Schiffes und verbrachte die ganze Reise damit, wehmütig an Ariadne zu denken, die er zurückgelassen hatte. Über seiner Grübelei vergaß er ganz, das schwarze Segel am Mast gegen ein weißes auszutauschen. Als das Schiff an der Küste Athens in Sicht kam und Theseus' Vater das schwarze Segel erkannte, nahm er an, Minotaurus habe seinen Sohn gefressen. In seiner Verzweiflung stürzte er sich von der Klippe zu Tode.

DÄDALOS UND IKAROS

Um den Baumeister und Erfinder Dädalos daran zu hindern, die Geheimnisses des Labyrinths, in dem Minotaurus gefangen gehalten wurde, auszuplaudern, hatte König Minos ihn zusammen mit seinem Sohn Ikaros in einen Turm gesperrt. Der Turm war gut ausgestattet, und die beiden hatten immer genug zu essen. Trotzdem sehnten sie sich natürlich danach, frei zu sein. Der Turm war zu hoch, um einfach hinunterzuklettern, und selbst wenn es ihnen gelungen wäre, hätten sie ein Schiff gebraucht, um die Insel zu verlassen, und die wurden stets streng bewacht. Aber eines Tages kam Dädalos eine Idee: Er würde sich und seinem Sohn Flügel bauen. Dann könnten sie in die Freiheit fliegen und an einem anderen Ort ein neues Leben beginnen. Er sammelte die Federn der Vögel, die immer vor dem Fenster saßen, und klebte sie mit Wachs zusammen. Schnell fand Dädalos heraus, dass er sich, wenn er mit den Flügeln schlug wie ein Vogel, tatsächlich vom Boden ab- und in die Luft erheben konnte. Sobald er das sicher beherrschte, brachte er auch seinem Sohn das Fliegen bei.

Eines Tages war er davon überzeugt, dass sie genug geübt hätten. Er befestigte je ein paar Flügel an den Armen seines Sohnes und seinen eigenen. Aber bevor sie den Turm verließen, hatte Dädalos noch eine wichtige Mahnung für seinen Sohn: ›Halt dich von der Sonne fern!‹, warnte er. ›Du darfst ihrer Hitze auf keinen Fall zu nahe kommen.‹ Er hatte ein wenig Angst um seinen Sohn, wusste aber, dass sie nur auf diesem Weg ihre Freiheit zurückgewinnen konnten. Sie kletterten aus dem Fenster auf das Gesims, schlugen kräftig mit den Flügeln und glitten dann einer nach dem anderen über die Insel hinweg und aufs Meer hinaus.

Sie waren schon ziemlich weit gekommen, als Ikaros anfing, übermütig zu werden. Er war ganz berauscht von dem Gedanken, immer höher zu fliegen, und schraubte sich unaufhörlich weiter der Sonne entgegen. Plötzlich traf et-

was Heißes ihn am Fuß. Es war ein Tropfen flüssiges Wachs. Sofort fiel Ikaros die Warnung seines Vaters wieder ein, und er versuchte, den sengenden Strahlen zu entfliehen, aber es war zu spät. Seine schmelzenden Flügel fielen in ihre Einzelteile auseinander. Ikaros stürzte ins Meer und ertrank. Über den Wellen, in denen sein Sohn verschwunden war, kreiste Dädalos. Aber als er Federn auf der Wasseroberfläche treiben sah, wusste er, dass Ikaros tot war. Nachdem Dädalos auf einer der Inseln gelandet war, hörte er wochenlang nicht auf zu weinen. Die Bewohner der Inseln rund um die Stelle, an der Ikaros abgestürzt war, benannten das Meer dort nach ihm Ikarisches Meer.«

ENDLICH ZU HAUSE

Steinkauz verstummte. Er war froh, dass Eulen nur in der Kühle der Nacht am Himmel unterwegs waren. Er hoffte, Käuzchen hatte etwas aus seinen Geschichten gelernt. Eine Lehre war ihm besonders wichtig. Er dachte an Weise Eule. Er dachte an den Tag, an dem er seine Heimat auf dem Pilion, wo sie ihr Leben miteinander geteilt hatten, hatte verlassen müssen. Wohin die Eulen auch immer gezogen waren, die Geschichten, die erklärten, wie alles so gekommen war, wie es war, hatten sie stets mitgenommen. Jetzt kannte auch Käuzchen diese Geschichten.

Aber auch andere Lehren hatte Käuzchen hoffentlich aus den Mythen ihrer Ahnen ziehen können: nicht hochmütig zu sein, Versprechen zu halten, anderen offen und freundlich zu begegnen und sich gegen Ungerechtigkeit aufzulehnen. Vor allem hoffte er, Käuzchen würde erkennen, dass Geschichten selbst die merkwürdigsten, ungemütlichsten Orte in ein Zuhause verwandeln konnten. Er wandte sich Käuzchen zu, um ihr das zu sagen, aber sie war schon eingeschlafen.

Steinkauz seufzte und drehte den Kopf einmal rumdherum, um den Blick über das nächtliche Athen schweifen zu lassen, die Stadt, die seine Heimat geworden war. Schon begannen die Menschen, sich zu regen. Auch für ihn war es Zeit zu schlafen, bis die Sonne wieder unterging. Käuzchen würde die Nacht, in der ihr Großvater ihr die Mythen, die ihr die Welt erklärten, geschenkt hatte, hoffentlich niemals vergessen. Später würde sie die alten Geschichten auf ihre eigene Weise erzählen, und zwar jedes Mal ein klein wenig anders. Schließlich waren Mythen nicht in Stein gemeißelt. Sie waren lebendig und wandelbar und wanderten von einem Ort zum anderen. Steinkauz schloss die Augen. Er konnte beruhigt schlafen, denn er wusste: Wohin Käuzchen auch fliegen würde, die Geschichten der Eulen würden ihr stets den Weg nach Hause weisen.

NACHWORT
ATHENE UND DIE EULEN

Niemand weiß genau, warum Athene sich den Steinkauz *(Athene noctua)*, eine kleine graue Eule, als ständigen Begleiter auswählte. Alte Schriften beschreiben sowohl die Göttin als auch diese Eule als besonders intelligent, außerdem soll Athene ähnlich helle Augen wie die Eule gehabt haben. Angeblich teilen beide auch ihre Begabung für den Kampf – wenn eine Eule ein Schlachtfeld überflog, deuteten die alten Athener das als gutes Omen für einen Sieg!

Aus welchem Grund auch immer: Schon sehr lang sind Athene und die Eule ein unzertrennliches Paar, was die Eule immer auch mit der Stadt Athen verband. Seit dem 6. Jahrhundert v. Chr. zieren Eulen die Münzen Athens, und auch auf griechischen Vasen, insbesondere auf solchen, die als Siegerpreis bei Wettkämpfen verliehen oder bei Ritualen verwendet wurden, ist der schöne Vogel häufig abgebildet. Sogar als die griechische Göttin Athene ihren Einfluss bis nach Rom ausdehnte und zur römischen Göttin Minerva wurde, trennte sie sich nicht von ihren Lieblingstieren. So beschreibt der römische Dichter Ovid in seinen *Metamorphosen*, wie die Krähe sich bitterlich darüber beklagt, nicht anstelle der Eule zum heiligen Vogel der Göttin ernannt worden zu sein.

Uralt und besonders ist auch die Verbindung zwischen Eulen und Geschichten. Den Römern war diese Verbindung fast ein bisschen unheimlich. Sie glaubten zum Beispiel, wenn man einer schlafenden Person eine Eulenfeder aufs Kopfkissen legte, verriete sie einem alle ihre Geheimnisse. Die Schriften der Antike sind voll von Vögeln, die Geschichten erzählen. Und wer wäre wohl geeigneter, Athene, Göttin des Krieges, des Handwerks und der Weisheit und Schlüssel zu allen alten Geschichten Athens, zur Seite zu stehen als der weiseste aller Vögel, die Eule?

ÜBER DIE AUTORIN UND DEN ILLUSTRATOR

MARCHELLA WARD ist Altphilologin. Jeden Tag durchforstet sie die Bibliotheken der Universität Oxford in Großbritannien nach den Mythen und Sagen des Altertums. Dabei interessiert sie sich weniger dafür, wie die Welt in der Antike tatsächlich war, sondern dafür, welche Möglichkeiten die Antike für unsere moderne Welt bereitgestellt hat.

SANDER BERG ist ein schwedischer Illustrator. Mit den digitalen Mitteln unserer Zeit stellt er Farben und Texturen in den Mittelpunkt seines Werkes. Malen ist für ihn Erzählen in Bildern. Dies ist sein erstes Kinderbuch.